海外人材と働くための

生産現場の英語

エッセンシャル

松崎久純

研究社

はじめに

本書は、生産業務で使う英語表現(単語、フレーズ、会話センテンスなど)を紹介する本です。海外生産拠点などに出向・出張される方々、あるいは日本で海外からの人材を受け入れる方々のために書かれています。

第1章　ものづくりの流れに沿った英語表現

生産技術、生産管理、現場管理、品質管理といったテーマだけでなく、開発や設計から物流や在庫管理までの広い範囲におよぶ英語表現をものづくりの流れに沿って紹介しています。

第2章　5Sで使う英語表現

海外生産拠点で必ず取り入れるであろう5S(整理・整頓・清掃・清潔・しつけ)に関する英語表現を扱っています。

第3章　トヨタ生産方式で使う英語表現

トヨタ生産方式に関する英語表現です。トヨタ生産方式を導入して業務に取り組む方々には、そのまま使っていただける内容です。また、導入していない拠点の方々にも参考にしていただける表現が数多く紹介してあります。

第4章　頻出する重要キーワードや表現

生産現場でよく使う、覚えておくと便利なキーワードや表現をまとめました。

第5章　生産現場の英会話
――よく使う動詞で学ぶ英語表現

使いこなせると便利な12の動詞を紹介し、それぞれの動詞を使った会話の例などを紹介しています。２人の登場人物が会話を繰り広げますから、会話で使う構文なども合わせて参考にしていただけます。

本書では、できるだけ補足的な教材（辞典など）を使用しなくても済むように、多くの箇所で単語や熟語などの解説を行いました。巻末の索引もぜひご活用いただければ幸いです。

本書が、海外事業で活躍される方々と、英語学習に取り組む方々のお役に立つことを願います。

本書の企画をご採用いただきました株式会社研究社　代表取締役社長の吉田尚志様に感謝申し上げます。

企画と編集につきましては、取締役編集部長の星野龍様にたいへんお世話になりました。長期間に渡りご指導いただき、心よりお礼を申し上げます。

編集部課長の丸山京子様、編集部の望月羔子様からもご指導を賜りました。ここに感謝の意を表します。

2021 年９月

松崎久純

CONTENTS

Part 4 生産管理 21

Part 5 現場管理 42

第1章

ものづくりの流れに沿った英語表現

本章では、ものづくりの流れに沿って、各段階で使う英語表現を紹介します。登場する英語表現は、実際の現場で頻繁に使う機会の多いものばかりです。

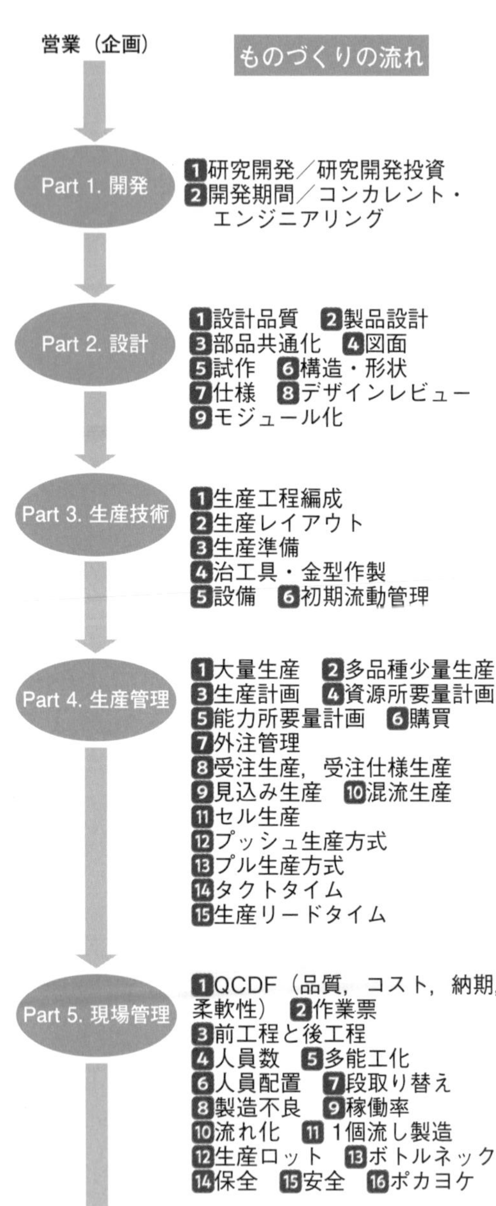
営業（企画）
ものづくりの流れ
Part 1. 開発
1研究開発／研究開発投資
2開発期間／コンカレント・エンジニアリング
Part 2. 設計
1設計品質 2製品設計
3部品共通化 4図面
5試作 6構造・形状
7仕様 8デザインレビュー
9モジュール化
Part 3. 生産技術
1生産工程編成
2生産レイアウト
3生産準備
4治工具・金型作製
5設備 6初期流動管理
Part 4. 生産管理
1大量生産 2多品種少量生産
3生産計画 4資源所要量計画
5能力所要量計画 6購買
7外注管理
8受注生産，受注仕様生産
9見込み生産 10混流生産
11セル生産
12プッシュ生産方式
13プル生産方式
14タクトタイム
15生産リードタイム
Part 5. 現場管理
1QCDF（品質，コスト，納期，柔軟性） 2作業票
3前工程と後工程
4人員数 5多能工化
6人員配置 7段取り替え
8製造不良 9稼働率
10流れ化 11 1個流し製造
12生産ロット 13ボトルネック
14保全 15安全 16ポカヨケ

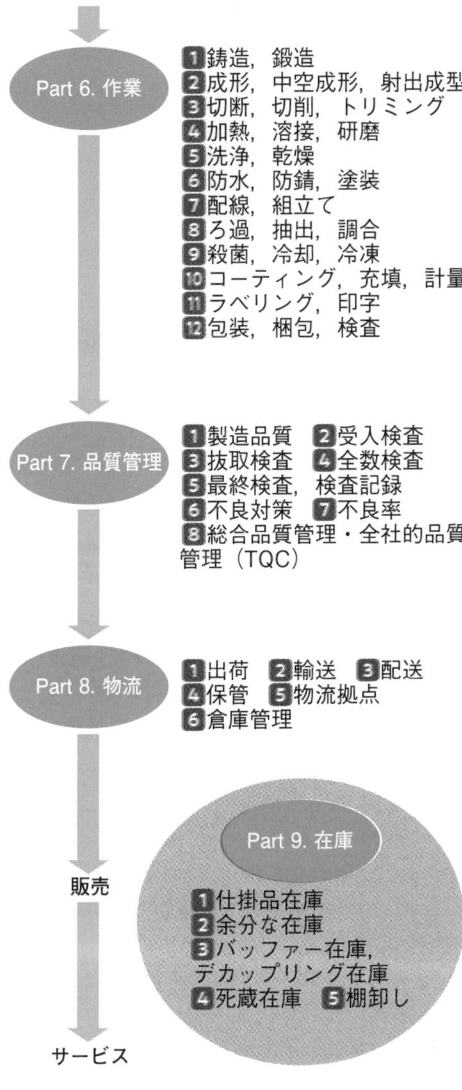
Part 6. 作業
1鋳造，鍛造
2成形，中空成形，射出成型
3切断，切削，トリミング
4加熱，溶接，研磨
5洗浄，乾燥
6防水，防錆，塗装
7配線，組立て
8ろ過，抽出，調合
9殺菌，冷却，冷凍
10コーティング，充填，計量
11ラベリング，印字
12包装，梱包，検査
Part 7. 品質管理
1製造品質 2受入検査
3抜取検査 4全数検査
5最終検査，検査記録
6不良対策 7不良率
8総合品質管理・全社的品質管理（TQC）
Part 8. 物流
1出荷 2輸送 3配送
4保管 5物流拠点
6倉庫管理
Part 9. 在庫
1仕掛品在庫
2余分な在庫
3バッファー在庫，デカップリング在庫
4死蔵在庫 5棚卸し
販売
サービス

Part 1

開発
Development

1 研究開発 Research and Development（R&D）／研究開発投資 Investment in R&D

● 基礎研究
basic research
新しい科学的法則や理論の発見・解明により知識を得るための研究

● 応用研究
applied research
基礎研究で得た知識を実用化するための研究

● 製品開発
product development
基礎研究・応用研究で得た知識を利用し、新たな製品の設計・改良などを行うこと

● 研究開発投資
investment in R&D
investment　投資

Research findings from basic and applied research are used in product development.

基礎研究と応用研究からの研究成果が、製品開発に利用される。

research finding　研究成果

2 開発期間
Development Period／
コンカレント・エンジニアリング
Concurrent Engineering（CE）

●開発に掛かる時間（開発期間）
development time, development period

●開発のサイクル
development cycle

Our company's product development period can be shorter.

弊社の製品開発期間は、短くすることができる。

develop　開発する

●コンカレント・エンジニアリング
Concurrent Engineering（CE）
*独立した各工程（例：設計、生産技術、生産計画など）を同時並列で進行させることにより開発から生産までの時間を短縮する手法

Concurrent Engineering develops products in a shorter period of time.

コンカレント・エンジニアリングは、より短い時間で製品を開発する。

Part**2**

設計
Design

1 設計品質 Design Quality

設計品質とは、製品が生産されたときに持つべき品質（機能、性能）を図面にしたものです。

● 機能
function

● 性能
performance, ability

This is a product of outstanding design quality.

これは実に優れた設計品質の製品である。

outstanding　傑出した

● 適合品質
conformance quality

＊製造品質（＝適合品質）は、実際に生産された製品の持つ品質で、設計品質とは差異のあることがあります。

2 製品設計 Product Design

This product is designed to meet our market demand.

この製品は、市場の要求に見合うように設計されている。

design　設計する、設計
meet　見合う、対応する
demand　需要、要求

New modules are being designed at our design office.

新しいモジュールが、設計室でデザインされている。

module　モジュール
design office　設計室（**drafting room** ともいう）

3 部品共通化
Parts Sharing

● 部品共通化
parts sharing
部品を共有化すること

These products share the same parts.

これらの製品は、同じ部品を共有している。

share　シェアする、共有する
part　部品

Parts sharing reduces our product development costs.

部品の共通化は、製品開発コストを低減する。

reduce　減らす、低減する、削減する
development cost　開発コスト

We have more of shared-part products today.

今日では、部品を共通化した製品が増えている。

shared-part product　部品を共通化した製品

Parts sharing saves time and the cost of our product development.

部品共通化は、製品開発の時間とコストを節約する。

4 図面 Design Drawings

- 製図技能
  drawing skill
- 青写真
  blueprint
- 設計図
  draft, drawing
- CAD (Computer-Aided Design)
  コンピュータ支援設計、キャド
- CAM(Computer-Aided Manufacturing)
  コンピュータ支援製造、キャム

CAD is commonly used by our designers to improve design quality.

CAD は、設計品質を高めるために、設計者に一般的に使われている。

commonly　普通に、一般に
designer　設計者、デザイナー
improve　改善する、改良する
design quality　設計品質

第1章 第2章 第3章 第4章 第5章

5 試作
Trial Manufacture

●試作
trial manufacture,
trial manufacturing,
trial production

This model is in trial production.
このモデルは試作中である。

●試作品
trial product, trial piece

●試作品のサンプル
trial product sample

These are made on a trial basis.
これらは試作としてつくられている。
basis　ベース、原則、基準

This part is produced experimentally.
この部品は試験的に生産された。
experimentally　実験的に、試験的に

●試験的な製品
experimental product

関連する用語
試運転 **test run, trial run**

6 構造・形状 Structure / Shape

This part has a complex structure.

この部品は複雑な構造をしている。

complex　複雑な
structure　構造

These products are structurally defective.

これらの製品は、構造的に欠陥がある。

structurally　構造的に
defective　不良、欠陥、欠陥のある

●構造上の
structural

●構造上の欠陥
structural defect

This model has a compact shape.

このモデルは小型である。

compact　小型の
shape　形、形状

The module has a wrong shape.

モジュールの形状が間違っている。

7 仕様 Specification

We have different specifications for these products.

これらの製品には異なる仕様があります。

different specifications　異なる仕様

● 製品の仕様
product specification

● 仕様の数
number of specifications

We supply many specifications to satisfy different customer needs.

異なる顧客のニーズを満たすために、多くの仕様を供給している。

supply　供給する
satisfy　満足させる、満たす

● 追加の仕様
additional specification

8 デザインレビュー Design Review

He has been involved in a design review.

彼はデザインレビューに参加している。

involve in ...　…に関わる、参加する

What do you do at a review?

レビューでは何をするのですか。

We evaluate products.

製品を評価します。

evaluate　評価する

People discuss the products from different viewpoints.

皆が異なる視点から製品を検討する。

discuss　話し合う、検討する
viewpoint　見地、視点

A design review was held here yesterday.

昨日、ここでデザインレビューが開かれた。

hold　催す、開催する

9 モジュール化 Modularization

●モジュラー部品
modular unit

modular　モジュールの
unit　部品、装置

We install these modular units in our products.

当社の製品に、これらのモジュラー部品を取り付ける。

install　取り付ける、組み込む

●モジュールの組み合わせ
combinations of modules

Our new product is made of four modular parts.

弊社の新製品は、4つのモジュラー部品でつくられている。

Modularization is becoming popular in automobile industries.

モジュール化は、自動車業界で広まってきている。

industry　産業

Part 3 生産技術
Manufacturing Engineering

第1章

第2章

第3章

第4章

第5章

1 生産工程編成
Production Process Arrangement

These production lines are arranged for a new product.

新製品のために、これらの生産ラインが編成される。

production line　生産ライン

New production processes are being arranged.

新しい生産工程が準備されています。

production process　生産工程
arrange　整える、手配する
... are (is) being arranged　…が準備されている

- 加工の順序
  processing sequence
- 効率的な生産工程編成
  efficient production process arrangement
- 効率のよい生産ライン
  efficient production line
- 生産工程編成の質
  quality of the production process arrangement

2 生産レイアウト Production Layout

How do we decide the production layout?

どのように生産レイアウトを決めますか。

decide　決める、決定する

- レイアウトを設定する
  decide the (a) layout,
  set the (a) layout
- 効率的なレイアウト
  efficient layout
- 不適切な生産レイアウト
  unsuitable production layout
- ２つの工程間の距離
  distance between two processes
- 生産工程間の空きすぎた距離
  too much distance between production processes
- 生産レイアウトを変更する
  change the production layout
- 全体のレイアウト
  entire layout

第1章 第2章 第3章 第4章 第5章

3 生産準備 Production Preparation

● 準備
preparation

Production is now being prepared.

現在、生産の準備がなされている。

prepare 準備をする

People from related departments participate in our preparation work.

関連する部門の人たちが、準備に参加する。

participate 参加する

Representatives from the quality control department also join the production preparation work.

品質管理部門の代表者たちも、生産準備の業務に加わる。

representative 代表者
quality control department 品質管理部門
also …もまた
join 参加する、加わる

My department is also responsible for the preparation.

私の部門も準備に責任がある。

responsible for ... …に(対して)責任がある

4 治工具・金型作製 Jig and Die production

●治(工)具
jig

●金型
die, metal mold

●工具、道具
tool

They produce jigs by themselves.
彼らは治工具を自前でつくる。

We purchase jigs from makers.
私たちはメーカーから治工具を仕入れる。
purchase　購入する、仕入れる

●治工具の設計
jig design

What types of jigs do you need?
どんなタイプの治具が必要ですか。

What kind of tools do you require?
どんな種類の工具が必要ですか。
require　必要とする

●最適な工具
optimum tool

5 設備 Equipment

●設備、備品
equipment
＊equipment は、複数でも equipments とはならず equipment となる

●たくさんの設備
many equipment

● 2、3 の特別な設備
a few special equipment
a few　2、3 の

Equipment should not be too costly.
設備の値段は、高すぎるべきでない。
costly　費用の掛かる、値段の高い

●費用効果の高い設備
cost effective equipment

This equipment is durable.
この設備は耐久性がある。
durable　耐久力のある、長持ちする

●信頼できる設備
reliable equipment
reliable　信頼性のある、頼りになる

6 初期流動管理 Initial Production Control

● 初期流動管理

initial production control,
early stage instability control

initial　最初の、はじめの
instability　不安定な状態

● 生産の初期段階における

in the early stage of production,
in the initial production phase

early　早期の、初期の
stage　段階
phase　段階、時期

● 調整期間

adjustment period

adjustment　調整、調節

Our production line may produce defects in this period.

この期間に生産ラインは不良をつくるかもしれない。

defect　不良、欠陥

● 不安定な

unstable

Part 4 生産管理 Production Management

1 大量生産 Mass Production

Our new product is now mass-produced on a larger scale.

私たちの新製品は、このたび一層大きな規模で大量生産される。

mass-produce　大量生産する
on a larger scale　より大規模に

● 大規模の大量生産
large scale mass production

Large scale mass production can reduce our production cost.

大規模の大量生産は、生産コストを削減できる。

reduce　減らす、縮小する

2 多品種少量生産 Production of many models in small quantities

● 多品種少量生産

＊さまざまな表現を用いることができます

Production of many models in small numbers,
Production of many types in small quantities,
Production of small quantities of many products,
Production of small quantities of many kinds

model　モデル

● 少量で

in small numbers,
in small quantities

Our factory makes small quantities of many different types of products.

当社の工場は、多くの異なる種類の製品を少量生産している。

We try to produce many models in small quantities to respond to the market demand.

市場の需要に応じるために、多くのモデルを少量でつくろうとしている。

respond　応える
market demand　市場の需要

Cost reduction can be difficult when we produce many products in small numbers.

多くの製品を少量生産すると、コスト削減は難しくなり得る。

cost reduction　コスト削減

3 生産計画 Production Planning

● 生産計画
production plan, production planning, production schedule

● 中長期(3~5年)の生産計画
medium and long term production plan, mid-to-long term production plan

● 短期(1年もしくは1年よりも短い)の生産計画
short term production plan

We will develop a mid-to-long term production plan.

私たちは中長期の生産計画を立てる。

develop 発展させる、つくり上げる

● 月次の生産計画
monthly production plan

● 日々の生産計画
daily production plan

● 生産計画の設計
production plan design

Our production plan indicates how many more production bases we will have in the future.

私たちの生産計画は、将来的に増える生産拠

点の数も示している。

indicate　表す、示す

The production plan also shows the number of managers needed for each base.

その生産計画は、それぞれの拠点に必要な管理者の数も示している。

also　…もまた
show　見せる、示す

4 資源所要量計画 Material Requirement Planning (MRP)

- 資源、材料
  material
- 要求、要求されるもの
  requirement

MRP identifies the amount of materials required for our production.

資源所要量計画は、生産に必要な材料の量を明らかにする。

identify 見出す、明らかにする
require 必要とする

MRP determines the types of materials needed for manufacturing.

資源所要量計画は、製造に必要な材料の種類を決定する。

determine 決める、決定する
manufacturing 製造

MRP uses both bill of materials and master production schedule.

資源所要量計画は、部品表も基準生産計画も用いる。

- 基準(日程)生産計画
  Master Production Schedule (MPS)
- 部品表
  Bill of Materials(BOM)

5 能力所要量計画 Capacity Requirement Planning (CRP)

CRP identifies a production plan based on the actual (production) capability.

能力所要量計画は、実際の(生産)能力に基づいて生産計画を見出す。

identify　見出す、明らかにする
based on ...　…に基づいて
actual　実際の
capability　能力

CRP determines the time and labor required for our production plan.

能力所要量計画は、生産計画に必要とされる時間と労働力を決定する。

determine　決める、決定する
require　必要とする
production plan　生産計画

Our factory doesn't have enough resources to produce these new products.

私たちの工場は、これらの新製品をつくる十分なリソースを持っていない。

enough　十分な
resource　資源、リソース

6 購買
Purchasing

●購入する
purchase

We purchase materials from outside suppliers.

私たちは、外部のサプライヤーから材料を購入する。

material　材料
outside　外部の
supplier　サプライヤー

●購入費用(コスト)
purchasing cost
●材料購入の費用(コスト)
material purchasing cost

●購買部門
purchasing department, purchasing division

●調達
procurement
●調達する
procure

Our purchasing department is responsible for procuring the tools at reasonable cost.

当社の購買部門は、妥当なコストで工具を調達する責任がある。

responsible for ...　…に(対して)責任がある
tool　工具、道具
reasonable　手ごろな、妥当な

7 外注管理 Supplier Management

●サプライヤー
supplier

●供給する
supply

Their company supplies some parts for our products.

彼らの会社は、当社製品に部品を供給している。

We produce circuit boards for many of their products.

私たちは、彼らの多くの製品の基板を生産している。

circuit board　基板

Our company has a long-term relationship with our suppliers.

当社はサプライヤーと長期的な関係にある。

●長期的なパートナー関係
a long-term partnership relationship

We have evaluation standards for our new suppliers.

私たちは、新規のサプライヤーに対する評価基準を持っている。

evaluation standard　評価基準

第1章 第2章 第3章 第4章 第5章

Our division is revising the evaluation standards for the suppliers.

当部門は、サプライヤーの評価基準を改訂している。

revise　改訂する

8 受注生産 Build to Order (BTO) 受注仕様生産 Configure To Order (CTO)

受注生産は、注文を受けてから、生産に取り掛かることをいいます。

受注仕様生産は、(受注生産と同様に受注後に生産に取り掛かりますが)顧客から受注した仕様に合わせてモジュールや部品を組み合わせ、製品をつくることをいいます。

● モジュール
module

This product range is built to order.

この製品群は受注生産されている。

range　範囲、種類

These are made after an order is received.

これらは、注文を受けた後につくられる。

receive　受け取る

BTO avoids extra finished product inventories.

受注生産は、余分な完成品在庫を避ける。

avoid　避ける
finished product　完成品
inventory　在庫

Our customers choose product modules to configure their computers.

弊社の顧客は、彼らの(購入する)コンピュータを構成するために、製品のモジュールを選択する。

choose　選ぶ
configure　構成する

CTO can satisfy different customer demands.

受注仕様生産は、異なる顧客の需要を満たすことができる。

satisfy　満足させる、満たす

9 見込み生産 Production by Forecast, Make to Stock (MTS)

見込み生産は、受注の実績などに基づいて生産品と数量を決め、実際の受注前に生産することをいいます。

- 予測
  forecast, prediction
- 予測する
  forecast, estimate, predict
- 販売予測
  sales forecast

They prepare a production plan based on the sales performance for the last three months.

彼らは、過去3ヶ月の販売実績に基づいて、生産計画を立てる。

prepare　準備する
production plan　生産計画
based on ...　…に基づいて
sales performance　販売実績
last　このところの、最後の

We develop a production plan before we receive actual orders.

私たちは、実際の注文を受け取る前に、生産計画を立てる。

develop　つくり上げる
receive　受け取る
actual　実際の

Most of our products are made and stocked in our factory.

私たちの製品のほとんどは、当社の工場でつくられ、在庫される。

●不正確な予測
uncertain forecasting

10 混流生産 Mixed Production System

Mixed production is adopted to respond to different customer demands.

異なる顧客の需要に応じるために、混流生産が採用されている。

adopt　採用する
respond　応える
customer demand　顧客の需要

Some different products are produced on the same line.

同じラインで、いくつかの異なる製品がつくられる。

Mixed production is being practiced in our factory.

工場では、混流生産が行われている。

practice　実践する、実施する

●混流生産の上手な実施
good practice of mixed production

11 セル生産
Cell Production System

● セル生産のレイアウト
cell production layout

Cell production layouts can be flexible.

セル生産のレイアウトは、柔軟になり得る。

flexible 柔軟な、融通のきく

● 生産(するための)セル
production cell

Cell production system is to produce different types of products in small quantities.

セル生産方式は、異なる種類の製品を少量生産するためのものである。

in small quantities 少量で

Cell production may require skilled operators.

セル生産は、熟練工を必要とするであろう。

require 必要とする
skilled operator 熟練工

12 プッシュ生産方式 Push Production System

●前工程
earlier process

●後工程
later process

＊「前工程」「後工程」は、第1章「前工程と後工程」(p. 44)も参照してください。

The earlier process sends what it produces to their later process.

前工程は、生産したものを後工程へ送る。

The later process accepts whatever their earlier process makes.

後工程は、前工程がつくったものを何でも受け入れる。

accept　受け入れる
whatever ...　…は何でも

The push system tends to accumulate inventories between production processes.

プッシュ方式は、生産工程間に在庫を蓄積しやすい。

tend to ...　…する傾向がある
accumulate　蓄積する
inventory　在庫

13 プル生産方式
Pull Production System

● 前工程
earlier process

● 後工程
later process

＊「前工程」「後工程」は、第1章「前工程と後工程」(p. 44)も参照してください。

The earlier process produces what is needed by the later process.

前工程は、後工程に必要とされたものを生産する。

Pull production system may reduce inventories between production processes.

プル生産方式は、生産工程間の在庫を減らすであろう。

reduce　削減する
inventory　在庫

The earlier process makes products only when their later process requires them.

前工程は、後工程が必要としたときにだけ製品をつくる。

only when ...　…のときにだけ
require　必要とする

The earlier process produces products only in the quantities the later process needs.

前工程は、後工程が必要とする数量だけ製品をつくる。

only　ただ…だけ

14 タクトタイム Takt Time

タクトタイムとは、1つのもの(製品、部品)をつくるのに取り決められた時間のことで、生産の最終工程(主に完成品の最終組立工程)に要する時間に合わせて取り決めがされます。

生産の最終工程が、1日の稼働時間を1日あたりの生産数量で割り、タクトタイムを求めます。そのため最終工程より前の工程(部品生産も含む)は、最終工程のタクトタイムに合わせて、自らの工程のタクトタイムを設定すれば、(少なくとも理論上は)工程間の在庫をなくすことができます。

Takt time is the operating time required to produce one product.

タクトタイムは、1つの製品をつくるのに必要な作業時間である。

operating time　作業時間、作業をする時間
require　必要とする

● 生産のペース
pace of production

Takt time is determined by the rate of market demand.

タクトタイムは、市場の需要の速度により決められる。

determine　決定する、決める
market demand　市場の需要

Takt time changes depending on the customer demand.

タクトタイムは、顧客の需要により変わる。

change　変える、変更する、変わる
depend on ...　…次第である、…により異なる

customer demand　顧客の需要

All the processes operate according to the takt time.

すべての工程は、タクトタイムにしたがって作業をする。

operate　作業する、稼働する
according to ...　…にしたがって

● サイクルタイム
cycle time
＊タクトタイムに(準備などに必要な)プラスアルファの時間を足した時間という意味などで使われる用語

15 生産リードタイム Production Lead Time

Production lead time is number of days from the receipt of an order to the shipment of the product.

生産リードタイムは、受注から製品出荷までの日数である。

receipt　受け取ること
shipment　出荷

Lead time is the time our customer wait for the products.

リードタイムは顧客が製品を待つ時間である。

Our production lead time for this product is three weeks.

この製品の生産リードタイムは３週間である。

Shortening lead time is a key issue for our factory.

リードタイムを短縮することは、弊社工場にとっての重要な課題である。

shorten　短くする、短縮する
key　重要な
issue　問題、関心事

Our production lead time is now brought down to two weeks.

私たちの生産リードタイムは、現在２週間まで短縮された。

bring down　下げる

Part 5

現場管理
Shop Floor Management

1 QCDF(品質、コスト、納期、柔軟性) QCDF

QCDFにおける意味合いです。

Q(Quality)　品質を向上させる
C(Cost)　コストを下げる
D(Delivery)　納期を短縮する
F(Flexibility)　柔軟性を高める

Fの代わりにS(Safety)「安全性を高める」を用いてSQCDと呼ぶ現場もあります。

QCDF means quality, cost, delivery and flexibility.

QCDFは、品質(を向上させ)、コスト(を下げ)、納期(を短縮し)、柔軟性(を高める)という意味である。

mean　意味する

SQCD stands for safety, quality, cost and delivery.

SQCDは、安全性(を高め)、品質(を向上させ)、コスト(を下げ)、納期(を短縮する)の略である。

stand for ...　…(という意味を)表す。
＊アルファベットをつなげた省略形について説明する際などに用います。

Every operator must always consider SQCD.

すべての作業者は、いつでもSQCDについて考えねばならない。

operator　作業者
always　いつも
consider　考慮する

2 作業票
Work Sheet

Work sheets show how operators process products.

作業票は、作業者が製品をどのように加工するかを示している。

operator　作業者
process　加工する

The work sheet indicates how the operator should move.

その作業票は、作業者がどのように動くべきかを示している。

indicate　表す、示す

Work sheet must be revised when work methods are changed.

作業票は、作業方法が変更された際には、改訂されなくてはならない。

method　方法、方式

Work sheets should be displayed at every operation site.

作業票は、すべての作業現場に掲示されるべきである。

display　掲示する
operation site　作業現場

3 前工程と後工程
Earlier Process and Later Process

● 前工程
earlier process,
preceding process,
previous process

● 後工程
later process,
subsequent process

● 上流工程
upstream process,
upper process

● 下流工程
downstream process,
lower process

● 次工程
next process,
following process

An earlier process sends parts to a later process.

前工程は、後工程に部品を送る。

Upstream processes shouldn't supply unnecessary parts to downstream processes.

上流工程は、下流工程に不必要な部品を供給すべきではない。

supply　供給する、供給
unnecessary　不必要な

4 人員数 Number of People

We need to reduce the number of operators.

私たちは作業者数を減らす必要がある。

reduce　減らす

We need four people to process these parts.

これらの部品の加工には、４人必要である。

process　加工する

They only need two people for the assembly work.

彼らは、その組立作業に２人だけを必要としている。

only　ただ…だけ
assembly　組立て

The number of people required for this job is flexible.

この仕事に必要な人数には、柔軟性がある。

require　必要とする
flexible　柔軟性がある

5 多能工化 Multi-Skilled Development

● 多能工
multi-skilled operator

● 単能工
single-skilled operator

Multi-skilled operators take care of more than one operation.

多能工は、1つ以上の作業をこなす。

take care of ... …の世話をする、…を責任を持って引き受ける

Many of them are multi-skilled operators.

彼らの多くは多能工である。

He used to be a single-skilled operator.

彼は、かつては単能工であった。

used to ... 以前は…だった

● 多能工化訓練
multi-skilled development training

● スキルマップ
skill map

● さまざまなスキル
many skills, a variety of skills

6 人員配置 Operator Arrangement

We just added one more operator to the final assembly section.

私たちは、たった今、最終組立工程に作業者を１人加えた。

just　ちょうど今
add　加える
final assembly　最終組立

This section operates with less people than yesterday.

このセクションは、昨日より少ない人数で作業している。

operate　作業する、稼働する

We always need to adjust the number of operators.

私たちは、いつでも作業者数を調整する必要がある。

adjust　調整する
number of operators　作業者の人数

7 段取り替え
Changing Setups

＊「段取り替え」については、第３章「段取り替えをすばやく、頻繁に」(p. 140)も参照してください。

●段取り替え

changing setups,
setup,
setup changing,
changeover

●機械の段取り替え

machine setup

●段取り替えの時間

setup time,
changeover time

●段取り替えの時間を短縮する

reduce (eliminate) setup time,
reduce (eliminate) changeover time

eliminate　排除する、除去する

Setups must be changed quickly.

段取り替えは、すばやくされなくてはならない。

quickly　すばやく

They change equipment setups very often.

彼らは、とても頻繁に設備の段取り替えを行う。

equipment　設備
often　頻繁に

● 外段取り
external setup

● 内段取り
internal setup

External setups can be changed while machines are running.

外段取りは、機械が動いている間に替えられる。

while ... …の間に

Internal setups can be changed only when machines are stopped.

内段取りは、機械が止まったときにだけ替えられる。

only when ... …のときにだけ

8 製造不良 Manufacturing Defects

●不良、欠陥
defect

They are trying to reduce the number of manufacturing defects.

彼らは製造不良の数を減らそうとしている。

reduce　減らす、縮小する

It is costly to make defects.

不良をつくるのは損失が大きい。

costly　費用の掛かる、値段の高い

Materials are wasted because of the defects.

不良のために材料がムダになった。

material　材料
waste　ムダ、ムダにする

We should make improvements to avoid making defects.

私たちは、不良をつくるのを避けるために改善をすべきだ。

improvement　改善
avoid　避ける

9 稼働率 Operation Rate

The operation rate of this factory is lower than our main factory.

この工場の稼働率は、当社の主力工場よりも低い。

The operation rate of this production line has to be higher than last month.

この生産ラインの稼働率は、先月よりも高くならねばならない。

The operation rate can fluctuate depending on our customer demand.

稼働率は、顧客の需要により変動し得る。

fluctuate　変動する
depend on ...　…により異なる、…次第である
customer demand　顧客の需要

●機械の稼働率
machine's operation rate

10 流れ化 Continuous Flow Processing

多くの工程が１つの流れのように機能し、各工程から次の工程へ、必要なものを、必要なときに、必要な数量だけ引き渡している状態になることを「流れ化」といいます。

● 流れ
flow

● (継続的な)流れ
continuous flow

A continuous flow should be made throughout the entire processes.

工程全体を通じて、継続的な流れがつくられるべきである。

throughout　…中に、…のはじめからおわりまで
entire　全体の

Every operator should operate according to the continuous flow.

すべての作業者は、継続的な流れにしたがって作業をすべきである。

operator　作業者
operate　作業する
according to ...　…にしたがって

11 1個流し製造 One-Piece-Flow Manufacturing

One piece at a time is processed and sent to the next process.

1度に1つが加工され、次工程に送られる。

at a time　1度に
process　加工する

One-piece-flow manufacturing is an ideal method to eliminate waste.

1個流し製造は、ムダを排除する1つの理想的な方式である。

ideal　理想的な、申し分のない
method　方法、方式
eliminate　排除する、除去する
waste　ムダ

One-piece-flow can easily find problems in production lines.

1個流しは、生産ラインでの問題を見つけやすい。

easily　簡単に

12 生産ロット
Production Lot

● 小ロット
small lot

● 大ロット
large lot

Production lots can be large or small.
生産ロットは、大きくも小さくもなる。

Most of our products are produced in small lot.
弊社製品の多くは、小ロットで生産される。
in small lot　小ロットで

Some of our products should be made in smaller lot.
弊社製品のいくつかは、より小さなロットでつくられるべきである。

The smallest lot size can be one piece.
最少のロットサイズは１個になり得る。

13 ボトルネック Bottleneck

Our entire process had to stop because of a bottleneck.

ボトルネックのために、工程全体が止まらねばならなかった。

entire　全体の
because of ...　…のために、…が原因で

A bottleneck can slow down our operation flow.

ボトルネックは、作業の流れを鈍化させる。

slow down　速度を落とす、のんびりする
operation　作業
flow　流れ

We must find a bottleneck from our production processes.

生産工程からボトルネックを見つけねばならない。

14 保全 Maintenance

● 保全、メンテナンス
maintenance

● 設備の保全(メンテナンス)
equipment maintenance

● 日々の保全
daily maintenance

● 定期的な保全
periodic maintenance

Machines need good maintenance.

機械には、よい保全が必要である。

Operators maintain their machines periodically.

作業者は、機械を定期的に整備する。

operator　作業者
maintain　維持する、整備する
periodically　定期的に

Our equipment should be well-maintained.

私たちの設備は、よく整備されるべきである。

equipment　設備

● 予防保全
preventive maintenance

Preventive maintenance must be planned to avoid equipment failures.

予防保全は、設備の故障を防ぐために計画されなくてはならない。

avoid　避ける

failure 故障

関連する用語

故障（機械などの） **breakdown、failure**
ダウンタイム **downtime**
修理 **repair**
修理する **repair, fix**

15 安全 Safety

- 安全、安全性
  safety
- 安全な
  safe
- 安全に
  safely
- 安全第一
  safety first
- 安全対策
  safety measure
- 安全の規則
  safety rules
- より安全な
  safer
- 最も安全な
  the safest
- 安全ベルト
  safety belt
- 安全弁
  safety valve
- 安全地帯
  safety zone(refuge)

Safety is the first thing we must consider.

安全は、私たちが最初に考えるべきことである。

consider　考慮する

Our factory is a safe place to work.

私たちの工場は、安全に働ける場所である。

We are working in safe conditions.

私たちは、安全な状態で働いている。

Our factory should be a safe place for everyone.

私たちの工場は、すべての人にとって安全な場所であるべきだ。

●安全に働ける場所
a safe place to work

●安全装置
safety device

A safety device is installed in this equipment.

この設備には、安全装置が備え付けられている。

install　取り付ける、組み込む

Every tool should be safe to use.

すべての工具は安全に使用できるべきだ。

tool　工具、道具

関連する用語

事故 **accident**
無事故 **no accident**
無事故で **without an (any) accident, with no accident**

第1章 第2章 第3章 第4章 第5章

We must be careful to avoid accidents.

事故を防ぐよう注意しなければならない。

carefully　注意深く、念入りに
avoid　避ける

- 火災
  fire
- 火災報知機
  fire alarm,
  fire alarm box (system)
- 爆発
  explosion
- 火傷
  burn (火による),
  scald (湯・湯気による)
- 消毒
  sterilization,
  disinfection
- 怪我
  injury,
  hurt
- 緊急(避難)通路
  emergency route
- 電気ショック
  electric shock
- 不注意な
  careless

● 不注意にも
carelessly

● 不注意な作業
careless operation

● 作業のルール
operation rule(s),
rule(s) of operation

第1章 第2章 第3章 第4章 第5章

16 ポカヨケ Mistake-Proofing

●ポカヨケ
mistake-proofing,
error-proofing,
fail-safe

There are many error-proofing devices.

ポカヨケの装置がたくさんある。

device　装置、仕掛け

Many ideas to avoid mistakes are built into our operation sites.

ミスを避ける数多くのアイディアが、作業現場に組み込まれている。

avoid　避ける、防ぐ
build into ...　…に組み込む
operation site　作業現場

We use fail-safe devices to avoid careless mistakes.

不注意によるミスを防ぐために、ポカヨケ装置を使う。

careless　不注意な

Some devices also work as safety devices.

いくつかの装置は、安全装置としても機能する。

also　…もまた
as　…として

Part 6 作業 Operation

1 鋳造（ちゅうぞう） Casting 鍛造（たんぞう） Forging

Casting is to form shapes by using molten metal.

鋳造とは、熱で溶けた金属を使い、形をつくることである。

form　形成する、形づくる
shape　形、形づくる
molten　熱で溶けた、溶解した

●鋳造金型
casting mold

●鋳造工程
casting process

Forging is to shape metals by using hammer pressures.

鍛造は、槌の力で金属を形づくることである。

hammer　槌、ハンマー
pressure　圧力、力

●鍛造工程
forging process

2 成形 Molding 中空成形 Blow Molding 射出成形 Injection Molding

Molding is to shape materials by using dies.

成形とは、金型を使い、材料に形づけすることである。

shape　形、形づくる
material　材料
die　金型

Blow molding is to shape plastics with air pressure.

中空成形は、空気圧を用いてプラスチックを形づけすることである。

blow　(空気、風)を吹き込むこと
pressure　圧力

These injection molded parts are formed by injecting molten materials into the molds.

これらの射出成形部品は、熱で溶けた材料を型に注入して形づけされる。

form　形成する、形づくる
inject ... into ～　…を～に注入する
molten　熱で溶けた、溶解した
mold　枠、型

3 切断 Cutting 切削 Cutting トリミング Trimming

The metal plate is cut to 3 inches.

その金属板は3インチに切断された。

This cutting tool is used to adjust the shape of these steel plates.

この切削工具が、これらの鋼板の形状の調整に使用される。

cutting tool　切削工具
adjust　調整する
shape　形

Trimming is to cut off unnecessary parts.

トリミングとは、不必要な部分を切り落とすことである。

unnecessary　不必要な

● (余計なものを)切り取る
trim

4 加熱 Heating 溶接 Welding 研磨 Grinding

●熱する
heat

The steel plate was heated to a very high temperature.

鋼板は、かなり高温まで熱せられた。

steel plate　鋼板
temperature　温度

●溶接する
weld

Two metal bars were welded together.

2本の金属棒が一緒に溶接された。

metal bar　金属棒
together　一緒に

●研磨する
grind

The artisans are grinding the surface of the metal boards.

熟練工が、金属板の表面を研磨している。

artisan　職人、熟練工
surface　表面
＊grindingの他には、polishingという表現を「磨いて光沢を出す」という意味で使うことがあります。表面を鏡面のような仕上げにするためにサンドペーパーで磨くことには、lappingという表現を用います。

5 洗浄 Washing 乾燥 Drying

● 洗う
wash

The operator is washing off the wood chips with water.

作業者は水で木くずを洗い流している。

wash off　洗い落とす
wood chips　木くず

Those materials are being washed in the machine.

それらの材料は、機械で洗われている。

material　材料

● 乾かす
dry

They use the heater to dry the rubber-made materials.

彼らはゴム製の材料を乾かすのにヒーターを使う。

rubber-made　ゴム製の

6 防水 Waterproofing 防錆(ぼうせい) Rust Prevention 塗装 Painting

These panels are waterproof.

これらのパネルは防水性がある。

We only use waterproofing tools in this workstation.

この作業場では、防水工具だけを使っている。

only　ただ…だけ
tool　工具、道具
workstation　作業場

This paint is used to prevent rusting of metal parts.

この塗料は、金属部品が錆びるのを防ぐのに使われる。

prevent　防ぐ
rust　錆びる

●錆びついた
rusty

We painted the machine with rust-preventive agent.

その機械に防錆剤を塗った。

rust-preventive agent　防錆剤

7 配線 Wiring 組立て Assembly

●配線する
wire

These two modules will be wired in this process.

これら2つのモジュールが、この工程で配線によりつながれる。

module　モジュール

●組立てる
assemble

This section assembles three modules together.

このセクションは、3つのモジュールを一緒に組立てる。

Operators are assembling many different products in one day.

作業者は、1日に多くの異なる製品を組立てている。

operator　作業者

8 ろ過 Filtration 抽出 Extraction 調合 Blending, Compounding

This filtration process purifies water by filtering out sediment.

このろ過工程は、沈殿物を取り除くことで、水を浄化する。

filter out ...　…をろ過して取り除く
sediment　沈殿物

They are trying to extract radioactive substances from the water.

彼らは水から放射性物質を抽出しようとしている。

extract ... from ～　～から…を抽出する
radioactive substance　放射性物質

Some natural flavorings are blended into their food products.

彼らの食品製品には、いくらかの自然香味料が混ぜられている。

flavoring　調味料、香味料
blend into ...　…に溶け込む、混ぜ合わせる

They compound a few different ingredients into the herbal medicine.

彼らは、2、3の異なる成分を調合して漢方薬をつくる。

compound ... into ～　…を調合して～をつくる
a few　2、3の
ingredient　成分、材料
herbal medicine　漢方薬

9 殺菌 Sterilizing 冷却 Cooling 冷凍 Freezing

● 殺菌する
sterilize

All the dishes are sterilized.

すべての皿は殺菌されている。

● 冷やす、冷却する
cool

This is the process to cool the chocolate in molds.

これは、型の中のチョコレートを冷やす工程である。

They inject molten metal into a mold and cool them.

彼らは、熱で溶けた鉄を型に注入し、それらを冷やす。

inject ... into ～　…を～に注入する
molten　熱で溶けた、溶解した
mold　枠、型

● 冷凍する
freeze, refrigerate

These materials should be preserved by freezing.

これらの材料は、冷凍で保存されるべきである。

material　材料

preserved by freezing　冷凍で保存される

Please refrigerate this ice-cream cake.

このアイスクリームケーキを冷凍してください。

10 コーティング Coating 充填(じゅうてん) Filling 計量 Measuring, Weighing

● コーティングする
coat

The product is coated with scratch-resistant coating.

この製品は、ひっかき傷に強いコーティングで保護されている。

coat with ...　…で覆う
scratch-resistant　ひっかき傷に強い

● 充填する
fill

The machine is filling the bottles with water.

機械がボトルを水で充填している。

● 計量する
measure, weigh

People in the warehouse measure the size of the cartons.

倉庫の作業者は、カートンのサイズを測る。

warehouse　倉庫

They must also weigh the cartons on the scales.

彼らは、はかりでカートンの重さも量らねばならない。

also　…もまた
scale　はかり

11 ラベリング Labeling 印字 Printing

●ラベリングする
label

Barcode labels are labeled on the products.

製品にバーコードラベルが付けられた。

●印字する
print

The production date is being printed on the product body.

製造日付が、製品の本体に刷られている。

production date　製造の日付

The machine is printing the lot numbers in blue.

機械がロット番号を青字で印字している。

lot number　ロット番号

12 包装 Wrapping 梱包 Packing 検査 Inspecting

●包装する
wrap

The machine is wrapping each product in a plastic bag.

機械がそれぞれの製品をビニール袋に包んでいる。

plastic bag　ビニール袋

●梱包する
pack

6 pieces are packed in one box.

6 個が 1 箱に梱包されている。

Our warehouse uses shrink-wraps to pack products.

弊社倉庫は、製品の梱包に収縮梱包を使う。

warehouse　倉庫
shrink-wrap　収縮梱包、シュリンク・ラッピング
*製品をビニール(プラスチックのフィルム)で覆う梱包の仕方、あるいはそのビニールのこと。

●検査する
inspect

Every product is inspected before they are shipped out.

すべての製品は、出荷される前に検査される。

ship out　出荷する

Our inspection processes are explained in the manual.

私たちの検査工程は、マニュアルに説明されている。

inspection　検査
explain　説明する
manual　マニュアル

第1章 第2章 第3章 第4章 第5章

Part 7 品質管理 Quality Control

1 製造品質 Manufacturing Quality

Manufacturing quality is the quality from our actual manufacturing process.

製造品質は、実際の製造工程からの(製造工程でつくられる)品質である。

actual　実際の
manufacturing process　製造工程

Manufacturing quality is not necessarily the same as design quality.

製造品質は、必ずしも設計品質と同じではありません。

necessarily　必ずしも(…でない)
the same as ...　…と同じ
design quality　製造品質

Manufacturing quality may slightly differ depending on production lots.

製造品質は、生産ロットによって、わずかに異なるかもしれない。

slightly　わずかに
differ　異なる
depend on ...　…次第である
production lot　生産ロット

- 製造品質のバラツキ
  fluctuation of manufacturing quality

- 製造された製品の実際の品質
  actual quality of the products (that are) manufactured

2 受入検査 Receiving Inspection

Receiving inspection is performed when accepting a delivery.

受入検査は、配送を受け入れるときに実施される。

perform　行う、実行する
accept　受け入れる
delivery　配送

Receiving inspection is required every time we receive parts from suppliers.

受入検査は、サプライヤーから部品を受け取る際に、毎回必要とされている。

require　必要とする
receive　受け取る
supplier　サプライヤー

Our receiving inspection is conducted by quality control experts.

私たちの受入検査は、品質管理の専門家により実施される。

conduct　行う、実施する
expert　専門家

●検査業務
inspection work

We reject the items when delivered items don't meet our standards.

配送されたものが、基準に見合わなければ、(受入を)拒否する。

reject　拒否する、はねつける
delivered items　配送されたもの
meet　見合う、合う
standard　基準

3 抜取検査 Sampling Inspection

We pick some samples out of many cartons to check the quality.

品質の検査に、たくさんのカートンからいくらかのサンプルを抜き出す。

carton　カートン、(輸送用の)ボール箱

We accept all the cartons if the samples meet our standard.

サンプルが基準に見合えば、すべてのカートンを受け入れる。

accept　受け入れる
meet　見合う、合う
standard　基準

We return them all when we find a defect in the samples.

それらのサンプルに不良を見つけたときには、すべてを返品します。

return　返品する、返す
defect　不良、欠陥

We have three methods for selecting samples.

私たちには、サンプルの選択に３つの方法がある。

method　方法、方式
select　選ぶ

●検査方法の１つ
one of the inspection techniques
technique　技法、方法

4 全数検査
100% inspection

100% inspection means to check every piece of product that we produce or purchase.

全数検査とは、私たちが生産あるいは購入する製品をすべて検査することである。

mean　意味する
check　検査する
purchase　購入する

100% inspection is more reliable than other inspection techniques.

全数検査は、他の検査方法よりも信頼できる。

reliable　信頼性のある、頼りになる
inspection technique　検査方法

100% inspection requires so much time and many operators.

全数検査は、たいへん多くの時間と作業者を必要とする。

require　必要とする
operator　作業者

5 最終検査
Final Inspection
検査記録
Inspection Record

This is the final quality check before we ship the products to our customer.

これは製品を顧客へ出荷する前の最終の品質検査である。

ship　出荷する

The final inspection is being done in this section.

このセクションで最終検査が行われている。

section　セクション、課

We keep the inspection records.

私たちは検査記録を保管する。

We always make the record with lot numbers and production dates.

私たちは、いつでもロット番号と製造日の記録を作成する。

lot number　ロット番号
production date　製造の日付

The inspectors review the records when we find any problems with our products.

製品に何か問題を見つけたときには、検査官は記録を再調査する。

inspector　検査官
review　再調査する、見直す

Our inspection records will be kept for seven years.

弊社の検査記録は、7年間保管される。

6 不良対策 Measures to Prevent Defects

●不良(品)
defect,
defective product,
inferior product

Managers should take measures to avoid defects.

管理者は、不良を避ける対策を講じるべきである。

take measures　処置(対策)を取る
avoid　避ける

We have countermeasures to deal with the defective products.

私たちには、それらの不良品に対処する策がある。

countermeasure　対策、手段
deal with ...　…に対処する、対応する

Operators should be careful not to let this mistake happen again.

作業者は、この間違いを再び起こさないよう注意すべきである。

operator　作業者
be careful not to ...　…ないように気をつける

7 不良率
Defective Rate

Our defective rate is lower now than the last few years.

弊社の不良率は、現在、この数年よりも低下している。

last few years　ここ 2、3 年

There must be room for more improvement.

さらなる改善もできるに違いない。

room　余地、可能性

We have defective rate targets for this product.

私たちは、この製品に対する不良率の目標値を持っている。

target　目標、達成目標

●目標不良率
target defective rate

Our team must achieve and maintain low defective rates.

私たちのチームは、低い不良率を達成し、維持せねばならない。

achieve　達成する
maintain　維持する、保つ

●標準(的な)不良率
standard defective rate

8 総合品質管理・全社的品質管理 Total Quality Control (TQC)

TQC means Total Quality Control.

TQC とは、トータル・クオリティー・コントロールという意味である。

mean　意味する

TQC is practiced in many companies in Japan.

TQC は、日本の多くの会社で実践されている。

practice　実践する

In Japan, TQC is also known as CWQC.

日本で TQC は、CWQC としても知られている。

also　…もまた

CWQC means Company-Wide Quality Control.

CWQC は、カンパニーワイド・クオリティー・コントロールという意味である。

＊ TQC は、日本で CWQC と呼ばれることがあります。はっきりと区別されているわけではありませんが、TQC を総合品質管理と呼び、CWQC を全社的品質管理（日本型 TQC）と呼ぶのも一般的です。

Part 8 物流 Physical Distribution

1 出荷 Shipping

shippingには「出荷」の他、「船積み、積出し、輸送」などの意味があります。「出荷」を言い表す名詞として、他にもshipmentを覚えましょう。動詞はshipになります。

We have a shipment of 50 units today.

今日50ユニットの出荷がある。

Our products will be shipped to China.

弊社の製品が中国へ出荷される。

Every item should be shipped on time.

すべての品は、時間通りに出荷されるべきである。

on time　時間通りに

We had to delay our shipment for three days.

私たちは出荷を3日延期せねばならなかった。

delay　遅れ、遅らせる

2 輸送 Transportation

●船便
sea freight
（船便による運送）

●航空便
air freight
（航空便による運送）

● SAL 便
Surface Air Lifted
（航空便とトラック輸送などを組み合わせた運送）

●貨物列車
freight train

●貨車
freight car

●貨物運賃
freight rate

●混載便
consolidated shipment
consolidated　統合した、固めた
*混載便とは、コンテナやトラックを貸切りとせず、他社の荷物などと混載することです。コンテナなどを貸し切るほどの出荷数量がない場合などに利用されます。

Many of our products are transported by sea freight.
製品の多くは、船便で輸送される。
transport　運ぶ、運送する、輸送する

We use air freight for emergency shipments.

緊急の出荷には航空便を使う。

emergency　緊急の、非常事態

3 配送
Delivery

前項の「輸送」は、長距離間で(多くの場合)まとまった数量のものを運ぶ際に使うことの多い用語ですが、「配送」は、「拠点から客先への配送」のように、短距離間でものを届ける際に使うことの多い用語です。

These products will be delivered to our customers today.

これらの製品は、今日顧客へ配送される。

We deliver ordered goods from our warehouse to more than 100 customers every week.

私たちは毎週、倉庫から100件を超す顧客へ注文品を届ける。

ordered goods 注文品
from ... to ～ …から～まで
warehouse 倉庫

The delivery address was changed from Chicago to Boston.

配送先住所が、シカゴからボストンへ変更された。

address 住所

4 保管 Storage

● 保管する
store, keep

The parts were stored in the factory for a long time.

部品は工場に長く保管されていた。

for a long time　長い間

We store some extra parts here temporarily.

私たちは一時的に、ここにいくらかの余分な部品を保管している。

temporarily　一時的に

Your tools were kept in our workplace until your subordinate came to pick them up.

君の工具は、部下が取りに来るまで、私たちの職場に保管された。

tool　工具、道具
workplace　職場
subordinate　部下

5 物流拠点 Distribution Base

Our company owns three distribution bases throughout Japan.

当社は、日本中に３つの物流拠点を持っている。

own　所有する
throughout ...　…の至るところに

Our subsidiary also has some distribution centers in China.

当社の子会社も中国にいくつかの物流拠点を持っている。

subsidiary　子会社
also　…もまた

Our distribution base in Singapore distributes our products to many Asian countries.

当社のシンガポールの物流拠点は、当社製品を多くのアジアの国々へ流通させている。

distribute　流通させる、分配する

6 倉庫管理 Warehouse Management

Warehouse is not easy to manage.

倉庫の管理は簡単ではない。

manage　管理する

Many items are always coming in and going out.

たくさんのものが常に出入りしています。

come in　入ってくる
go out　出て行く

People in this warehouse are using the limited space effectively.

この倉庫の人々は、限られたスペースを有効に使っている。

limited　限られた
effectively　有効に、効率的に

I think we can have better layout in this warehouse.

この倉庫はよりよく設計できると思う。

layout　設計、レイアウト

●先入れ先出し
first-in first-out

The operators always practice first-in first-out in this warehouse.

この倉庫で作業者は、いつでも先入れ先出しを実践している。

practice　実践する、実施する

First-in first-out mean what comes in first is shipped out first.

先入れ先出しとは、はじめに入ってくるものが、はじめに出荷されるという意味である。

ship out　出荷する

What comes in next will be shipped out next.

次に入ってくるものが、次に出荷されます。

Part 9 在庫 Inventory

1 仕掛品在庫 Work-In-Process Inventory

● 仕掛品在庫
work-in-process inventory,
work-in-progress inventory

● 中間在庫(仕掛品在庫)
intermediate inventory

Work-in-process inventory is abbreviated to WIP inventory.

仕掛品在庫は、WIP インベントリーと略される。

abbreviate　略す、…に省略する
be abbreviated to ...　略称が…である

The operator keeps WIP inventory in his production process.

その作業者は、自分の生産工程に仕掛品在庫を持っている。

Operators are trying to reduce amount of WIP inventory.

作業者たちは仕掛品在庫の量を減らそうとしている。

reduce　減らす、縮小する

2 余分な在庫 Excess Inventory

- 在庫
  inventory, stock
- 余分な在庫
  excess inventory, extra inventory
- 不必要な在庫
  unnecessary inventory
- 過剰な在庫
  surplus inventory

Our factories carry many excess inventories.

私たちの工場は、多くの余分な在庫を抱えている。

carry （在庫として）置いている

These surplus inventories are taking up so much space.

これらの過剰在庫が非常に多くの場所を取っている。

take up （場所）を取る

We have intermediate inventories and many of them are unnecessary.

中間在庫があり、その多くは不必要である。

intermediate 中間の
unnecessary 不必要な

We had to spend hours to count the extra inventories.

私たちは、余分な在庫を数えるのに何時間も使わねばならなかった。

spend　使う、費やす
count　数える

Operators are counting and moving the inventory.

作業者たちは、その在庫を数え、運んでいる。

operator　作業者
count　数える
move　動かす、移動させる

Excess inventory requires a lot of manpower.

余分な在庫は多くの労働力を必要とする。

require　必要とする
manpower　人手、労働力

3 バッファー在庫 Buffer Stock デカップリング在庫 Decoupling Inventory

バッファー在庫とは、欠品で納品が間に合わないときに備えて保有しておく在庫です。バッファーとは「衝撃を和らげるもの」という意味です。デカップリング在庫とは、製造工程において、部品の欠品や不良の発生などにより、後工程へのものの引渡しに支障が生じる事態に備えて持っておく在庫です。デカップリングには、バッファーと同じ「衝撃を和らげる」という意味の他に、「連結を否定する(工程の相互依存性を緩和する)」という意味もあります。

日本企業では、「バッファー在庫」という用語が「デカップリング在庫」の意味で使われているケースが多く見受けられます。

Buffer stock is the finished goods inventory that we keep for urgent orders.

バッファー在庫とは、急な注文に備えた完成品在庫のことである。

finished goods　完成品
urgent order　急ぎの注文

● 完成品
finished goods,
completed product

Our warehouse always keeps buffer stock to avoid running out of stock.

弊社倉庫は、在庫切れを避けるために、いつでもバッファー在庫を持っている。

avoid　避ける
run out of ...　…がなくなる、…を使い果たす

第1章 第2章 第3章 第4章 第5章

Each process has some decoupling inventory to deal with fluctuations in production.

それぞれの工程は、生産のバラツキに対処するために、いくらかのデカップリング在庫を持っている。

deal with ...　…に対処する、対応する
fluctuation　変動、バラツキ

Intermediate decoupling inventory keeps balance in our production line.

中間デカップリング在庫が、生産ラインのバランスを保っている。

intermediate　中間の（＝仕掛品の）
keep　維持する
production line　生産ライン

●安全在庫
safety stock

＊「安全在庫」という用語が「バッファー在庫」あるいは「デカップリング在庫」と同じ意味で用いられることも多くあります。

4 死蔵在庫 Dead Stock

廃棄処分が必要か、通常のルートでは販売できなくなった在庫のことです。

We have dead stocks in the warehouse.

倉庫に死蔵在庫がある。

warehouse　倉庫

They have been sitting here for over six months.

これらは、6ヶ月以上もここにある。

sit　座る、じっとそのままでいる
over　…を超えて

We are going to have to clean them out.

私たちは、それらを処分せねばならない。

clean out　処分する、片付ける、在庫を一掃する

5 棚卸し Stocktaking

●棚卸し
stocktaking, inventory

We take stock at the end of each month.

私たちは毎月末に棚卸しをする。

take stock　棚卸しをする

Our operators count some inventories at the end of every week.

作業者は毎週末、いくらかの在庫を数える。

operator　作業者
count　数える

Our stocktaking is carried out by everyone in the factory.

当社の棚卸しは、工場のすべての人により行われる。

carry out ...　…を実行する

They count every part and material when stocktaking.

彼らは棚卸しの際、すべての部品と材料を数える。

material　材料

It takes two days to inventory every material.

すべての材料を棚卸しするには、２日掛かる。

第2章

5S で使う英語表現

本章では、5S で使う表現を紹介します。5S の各段階でポイントとなる事柄を「会話センテンス」を用いて紹介していきます。
5S について説明する際には、本章で紹介する順序で説明していくのが効果的です。5S そのものに詳しくない方も、本章を読むことで理解を深めることができます。

5S

整理	Sorting
整頓	Order (Setting in order)
清掃	Cleaning (Shining)
清潔	Standardizing
しつけ	Discipline (Sustaining the discipline)

Part 1 はじめに Introduction

5Sは日本でつくられたことなどについて話します。

5S is a method originally developed in Japan.

5Sはもともと日本で開発された手法です。

method 手法、方法
originally もともと、はじめは
develop 開発する

5S is a well-known factory management method.

5Sはよく知られた工場管理の手法です。

well-known 周知の、よく知られた

5S is also practiced in offices.

5Sはオフィスでも実施されています。

also …もまた、同様に
practice 実施する、実行する

Part 2 5Sの目的 The purpose of 5S

5S活動が何を目指しているものかについて、現地従業員に尋ねてみましょう。たとえば以下のように聞いてみます。

What is 5S activity trying to achieve?

5S活動は、何を実現しようとしていますか。

achieve　達成する

What do you think?

どう思いますか。

5Sの目的について説明してみましょう。

What is the purpose of 5S?

5Sの目的は何ですか。

purpose　目的

The purpose is to make our products more competitive.

目的は、製品の競争力をさらに高めることです。

competitive　競争力のある

The purpose is to improve our product quality, reduces cost and shortens production lead-time.

目的は、製品の品質を高め、コストを低減し、生産リードタイムを短縮することです。

improve 改善する、向上させる
reduce 削減する、低減する
shorten 短くする、短縮する

5S makes improvements on QCD.

5S は QCD を改善します。

QCD 品質・コスト・納期(Quality・Cost・Delivery)

5S also makes improvements on safety

5S は安全性も改善します。

also …もまた、同様に

Part 3 QCDの改善
Improvement on QCD

5SがQCD（Quality 品質、Cost コスト、Delivery 納期）を改善することに続く会話です。

We would like to make an "Easy-to-Work" environment.

私たちは、「働きやすい」環境をつくりたいのです。

environment　環境

Good quality comes from a good working environment.

優れた品質は、優れた労働環境に起因します。

When operators can move more efficiently, it will reduce costs.

作業者がもっと効率的に動いたら、それはコスト低減になります。

operator　作業者
move　動く
efficiently　効率的に、効果的に
reduce　削減する、低減する

Part 4 安全性の改善 Safety Improvements

5S と安全についての会話です。

5S makes safety improvements.

5S は安全性を改善します。

We make a safer environment through 5S activities.

私たちは 5S 活動を通じて、より安全な環境をつくります。

environment　環境
through　…を通じて

We don't want people to get injured in our factory.

私たちは、工場で皆に怪我をしてほしくありません。

get injured　怪我をする

Part 5 すべての人が関わる Everyone must get involved

5S 活動にはすべての人が参加すべきことを話します。

Everyone should participate in our 5S activities.

5S 活動には、すべての人が参加すべきです。

participate in ...　…に参加する

Every employee from company executives to new operators must participate.

会社の経営幹部から新人の作業者まで、すべての従業員が参加せねばなりません。

employee　従業員
executive　経営幹部、役員
operator　作業者

Everyone is responsible for 5S activities.

すべての人が 5S 活動に責任を持っています。

responsible　責任がある

Part 6 5つのSとは What are these five Ss?

「5 つの S」の意味について話します。

What do the five Ss stand for?

5 つの S は何を意味しますか。

stand for ... … (という意味)を表す
＊アルファベットをつなげた省略形について説明する際などに用います。

Do you know what the five Ss mean?

5 つの S が何を意味するのか知っていますか。

mean 意味する

Five Ss are from five Japanese words.

5 つの S は、5 つの日本語の言葉から来ています。

They are Seiri, Seiton, Seiso, Seiketsu and Shitsuke.

それらは整理、整頓、清掃、清潔、しつけです。

They are sorting, order (setting in order), cleaning (shining), standardizing and discipline (sustaining the discipline).

それらは sorting (整理), order (setting in order) (整頓), cleaning (shining) (清掃), standardizing (清潔), そして discipline (sustaining the discipline) (しつけ)です。

＊直訳的な意味は以下のようになります。

sorting　分類、分けること
order (setting in order)　整頓、並べること
cleaning (shining)　きれいにすること、磨くこと
standardizing　標準化
sustain　維持する、持続する
discipline (sustaining the discipline)　しつけ、規律を整える

Part 7 整理
Seiri（=Sorting）

5S の「整理」についての話です。

The first S, Seiri means to sort.

最初の S、整理は分類するという意味です。

means　意味する

Seiri means to sort necessary items from unnecessary ones.

整理は、不必要なものから必要なものを分けるという意味です。

necessary　必要な
unnecessary　不必要な

We will separate what we need now from what we don't.

私たちは今必要なものを、そうでないものから分離します。

separate　分ける、分離する

必要なものと不必要なものを分ける際に、聞いたり話したりする事柄です。

Do we need all these parts today?

これらの部品をすべて今日必要としていますか。

We are not using all of them today.

今日すべてを使うのではありません。

all of them　それらのすべて

They have to be separated.

それらは分離されなくてはなりません。

We can use our space more effectively when there is no unused item.

使わないものがなければ、スペースをより効果的に使えます。

effectively　効果的に、有効に
unused　使われていない、使わない

We may pick a wrong item when necessary ones and unnecessary ones are placed together.

必要なものと不必要なものが一緒に置かれると、間違ったものを取り上げるかもしれません。

pick　選ぶ、抜き取る
necessary　必要な
unnecessary　不必要な
place　置く、配置する

第1章 第2章 第3章 第4章 第5章

Please place necessary items in the area nearest to our operators.

必要なものを作業者に一番近いエリアに置いてください。

operator　作業者

We place "may-use" items in the second nearest area.

「使うかもしれない」ものを二番目に近いエリアに置きます。

Please draw lines on the floor to show where the nearest area.

どこが一番近いエリアか示すために、床に線を引いてください。

draw　描く、(線を)引く

Our work will be easier by sorting items.

整理(ものを分類)することで、仕事はラクになります。

sort　分類する

Part 8 整頓 Seiton（=Order/ Setting in order）

第1章 第2章 第3章 第4章 第5章

「整頓」について話してみましょう。

The second S, Seiton means to set items in order.

2つ目のS、整頓はものをきちんと置くことを意味します。

mean　意味する
in order　順序正しく、整然と

It is to place items conveniently so everyone can find them easily.

誰もが簡単に見つけられるように、ものを便利よく置くことです。

place　置く
conveniently　便利よく、都合よく
so ...　…(so以下)になるように
＊so that の省略形
easily　簡単に

People are walking around to find what they are looking for.

皆は探しているものを見つけるために、歩き回っています。

walk around　歩き回る

We have to ask around to find items.

私たちは、ものを見つけるのに尋ねて回らなくてはならない。

ask around　聞いて回る

整頓のアイディアを話します。

Please take a look at the numbers indicated on the plates.

プレートに記された番号を見てください(イラスト参照)。

indicate 示す、表す

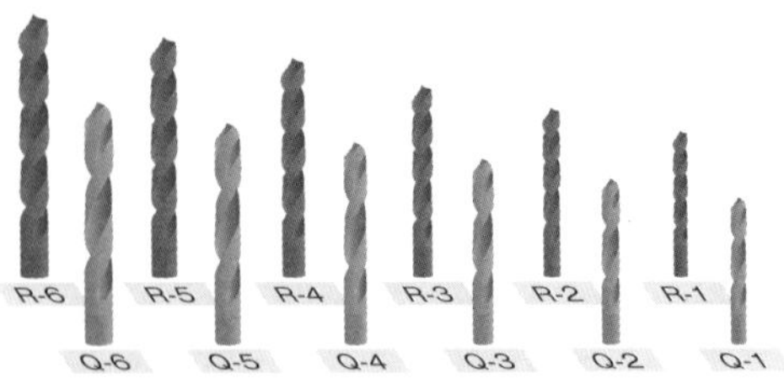

This tells you which one to use and which one is in use.

これはどれを使うかと、どれが使われているかを教えてくれます。

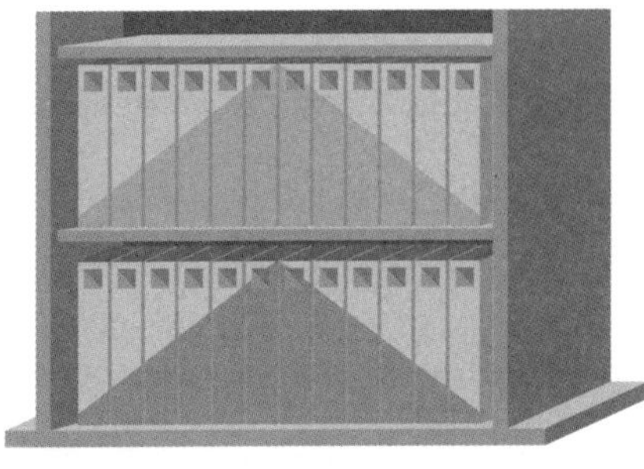

We can return the files easily.

簡単にファイルを戻すことができます(イラスト参照)。

easily 簡単に、ラクに

They are uniquely organized.

ユニークに整えられています。

organize 整える、分類する

We will not misplace the files.

ファイルを間違って置くことはありません。

misplace 誤った場所に置く

ここまでのポイントをまとめてみましょう。

5S activities make our work easier.

5S 活動は、私たちの仕事をラクにしてくれます。

5S reduces waste from our work.

5S は、私たちの職場からムダを減らします。

reduce　減らす、低減する、削減する
waste　ムダ

Part 9 清掃 Seiso (=Cleaning / Shining)

「清掃」について話してみましょう。

The third S, Seiso is cleaning and shining.

3つ目のS、清掃はきれいにすること、そして磨くことです。

We would like to keep our workplace clean.

私たちは職場をきれいに保ちたいのです。

workplace 職場

Good products don't come out of a disordered workplace.

よい製品は乱雑な職場からは生まれてきません。

come out of ... …から出てくる
disordered 秩序のない、乱雑な

We always want to keep our factory clean.

いつでも工場をきれいに維持したいのです。

always いつも、常に

We would like to clean our place not only when we finish working but also while we are working.

私たちは、職場を業務終了後だけでなく、仕事中にも、きれいにしたいのです。

not only A but (also) B　Aだけでなく B も
while　…している間に

Here is an example.

これが例です。

People here use a box and a slide so the shreds will not make a mess.

ここの人たちは、破片が散らからないように、箱と滑り台を使っています(イラスト参照)。

slide　滑り台
so ...　…(so 以下)になるように
*so that の省略形
shred　破片、切れ端
mess　散らかった状態、散らかしたもの

Seiso activity finds sources of problems and takes measures against them.

清掃の活動は、問題の原因を見つけ、対策を講じます。

source 原因、根源
take measures against ... …に対して処置を取る

Seiso activity is not just cleaning up our workplace.

清掃活動は、ただ職場を掃除することではありません。

just ただ、…だけ
workplace 職場

Why do we need to make items shiny?

なぜ私たちはものを磨き上げる必要があるのですか。

shiny 輝く、光沢を放つ

We find damages when we polish items such as machines and tools.

機械や工具などのものを磨くと、損傷が見つかるのです。

polish　磨く、つやを出す
such as ...　(たとえば)…のような
tool　工具、道具

We would like to find the damages before they lead to any serious problem.

大きな問題になる前に、そうした損傷を見つけたいのです。

lead to ...　…に至る
serious　重大な、危険な

Part 10 清潔 Seiketsu（=Standardizing）

ここからは、「清潔」についての会話です。

The fourth S, Seiketsu is standardizing.

4つ目のS、清潔とは標準化することです。

standardize　標準化する

Seiketsu is to make the first 3S's as our standard.

清潔は、はじめの3つのSを私たちの標準とすることです。

the first 3S's　最初の3つのS
　＊整理・整頓・清掃のこと

as　…のように
standard　標準、基準

Seiketsu is to keep practicing the 3S's all the time.

清潔は、3Sを常に実施し続けることです。

practice　実施する
all the time　常に、いつも

It's not easy for many companies to continue practicing 3S's.

多くの会社にとって、3Sの実施を継続するのは簡単ではありません。

continue　継続する、続ける

清潔により標準化する例について、もう少し考えてみましょう。このようなケースでは、標準化されているといえません。

Our department practices 3S's, but some other departments don't.

私たちの部門は 3S を実施していますが、他のいくつかの部門は実施していません。

department 部、課

Then we cannot say our company standardizes the 3S's.

それでは当社が 3S を標準化しているとはいえません。

then そうすると、それでは
standardize 標準化する

We would like to avoid situations where we are practicing it but they are not.

自分たちは実施しているが彼らはしていない、という状態は避けたいです。

avoid 避ける
situation 状況、状態
practice 実施する

Part 11 しつけ
Shitsuke (=Discipline / Sustaining the discipline)

ここからは、「しつけ」についての会話です。

The fifth S, Shitsuke is discipline.

5つ目のS、しつけとは規律のことです。

discipline　規律、秩序

Discipline here is to sustain rules of good behavior.

ここでいう規律とは、優れた振舞い方のルールを守ることをいいます。

sustain　維持する
behavior　振舞い、態度

Discipline is to establish a well-behaved culture based on the 4S's.

規律とは、4S(整理・整頓・清掃・清潔)に基づいて、規律のよい文化をつくることです。

establish　つくり上げる、確立する
well-behaved　しつけ(規律、行儀)のよい
based on ...　…に基づいた

Shitsuke relates to educational issues very much.

しつけは、教育の課題とたいへんに関連があります。

relate to ...　…と関係する、…と関連がある
educational　教育の
issue　問題、課題

When people visit our company, they will feel if we have good discipline.

当社を訪問した人たちは、私たちの規律がよいかどうか感じるものです。

discipline　規律、秩序

ここまでをまとめる会話を見てみましょう。

Do you have good understanding of the five principles?

5 つの原則がよく理解できていますか。

principle　原則

Can you explain how 5S relates to quality, cost, delivery and safety issues?

5S がどのように品質、コスト、納期、安全の問題と関連するのか、説明できますか。

explain　説明する
relate to ...　…と関係する、…と関連がある
issue　問題、課題

Part 12 5S委員会を設ける Organizing a 5S Committee

5S を導入する際には、5S 委員会を設置します。

We first need to organize a 5S committee.

はじめに 5S 委員会をつくる必要があります。

organize　組織する、編成する
committee　委員会

We elect members from each department.

それぞれの部門からメンバーを選任します。

elect　選ぶ、選出する
department　部、課

We choose a leader and a sub-leader when the committee is organized.

委員会が組織されたら、リーダーとサブリーダーを決めます。

choose　選ぶ
committee　委員会
organize　組織する、編成する

The term of the committee members is generally one year.

委員の任期は、通常１年です。

term　期間、任期
generally　普通は、大体

We also choose a secretary to take notes and photos.

ノートをつけ、写真を撮る秘書も選びます。

also　…もまた、同様に

We should keep good records of "making-improvements".

「改善」のよい記録を残したいのです。

improvement　改善

第3章

トヨタ生産方式で使う英語表現

本章では、トヨタ生産方式で使う「用語」と「関連する表現」を紹介します。
各 Part のテーマにおけるポイントを単語、表現、英文センテンスを用いて紹介します。
本章で紹介する順で、はじめから説明をするのもよいですし、必要な部分だけを説明するのもよいでしょう。

トヨタ生産方式に詳しくない方も、ぜひ本章に目を通して、そのエッセンスを業務指導に役立てていただきたいと思います。

Part 1

トヨタ生産方式とは
Toyota production system

＊トヨタ生産方式
Toyota production system = TPS

1 動きと働き
Move and Work

「動き」は、仕事の中で付加価値を生まない部分、「働き」は、付加価値を生み出す部分です。

●動き
move,
movement

●動く
move

●働き
work

●働く
work

●付加価値を生む(加える)仕事
value-adding work

●付加価値を生まない(加えない)ムダ
non-value adding waste

2 真因を問う Finding the root cause

● なぜと問う
ask why

● なぜと 5 回問う
ask why five times

● 真因
a root cause

● 問題の真因
a root cause of a problem

Part 2 ジャスト・イン・タイム Just-in-time

1 ジャスト・イン・タイムとは何か What is just-in-time?

ジャスト・イン・タイム(Just-In-Time＝JIT)とは、必要なものが、必要なときに、必要な数量だけ、生産の各工程に届くことをいいます。

- ジャスト・イン・タイム生産を実践する
  practice just-in-time production
- 工程
  process
- 各工程
  each process
- 生産ライン
  production line
- 組立ライン
  assembly line
- 全工程
  all the processes
- 生産の工程
  production process
- 生産の全工程
  all the production processes

Just-in-time is one of two pillars of Toyota production system.

ジャスト・イン・タイムは、トヨタ生産方式の２本柱の１つである。

pillar　柱
　＊もう１つの柱は「自働化」（p. 161 参照）

●サプライヤー
supplier

●協力会社
cooperating firm,
cooperative company

Our suppliers supply parts to our production processes just-in-time.

当社のサプライヤーは、私たちの生産工程へ部品をジャスト・イン・タイムに供給する。

supply　供給する

2 工程の流れ化
Workflow

●流れ
flow

●生産の流れ
production flow

●生産の流れをつくる
establish a production flow

●業務の流れを管理する
manage the workflow

●製造工程における業務の流れを改善する
improve the workflow in manufacturing processes

Each process operates according to the production flow.

各工程は、生産の流れにしたがって作業をする。

according to ...　…にしたがって

We try to maintain a continuous flow in our plant.

私たちは、工場における継続的な流れを維持しようとしている。

maintain　維持する
continuous　継続的な
plant　工場

3 同期化 Synchronization

全工程が連係して(ペースを合わせて)流れ化することを「同期化」といいます。

- ペース
  pace
- ピッチ
  pitch
- スピード、速度
  speed
- 同じペースで動く
  move at the same pace
- 同じスピードで働く
  work at the same speed

Every process should move at the same pace.

各工程は、同じペースで動くべきである。

- 同時に動く
  synchronize
- 同時に動くこと
  synchronization

工程間における部品の受け渡しは、できるだけ少ない数量が好ましく、工程間で1個ずつ引き渡しすることを「1個流し」といいます。

- 1個流し
  one-piece flow
- 1個流しの製造
  one-piece flow manufacturing

Operators send one piece of product at a time between processes.

作業者は、工程間で、1度に1つの製品を送る。

4 後工程引取り
A later process takes what is needed from an earlier process

＊「前工程」「後工程」は、第１章「前工程と後工程」(p. 44)も参照してください。

- 各工程間
  between each process
- ２つの工程間にある在庫
  inventory between two processes
- プッシュ方式
  push method, push system
- プッシュ生産方式
  push production method, push production system
- プル方式
  pull method, pull system
- プル生産方式
  pull production method, pull production system

In pull system, operators in later processes go to their earlier processes to pick up necessary parts.

プル方式では、後工程の作業者が前工程へ必要な部品を取りに行く。

necessary　必要な

5 不必要な在庫をなくす Eliminating unnecessary inventory

余分な在庫は、置き場も必要とし、保管用の倉庫までが必要になるケースもあります。それらを管理、運搬する人も必要で、リソースのムダ使いが連鎖的に広がります。

● 余分な在庫
extra inventory,
excess inventory

● 不必要な在庫
unnecessary inventory

Unnecessary inventory should be eliminated.

不必要な在庫は、排除されるべきである。

eliminate　排除する

6 必要なものを、必要なときに、必要な数量だけ
Just what is needed,
Only when needed,
Only in the quantity needed

- 必要なもの
  what is needed
- 必要なときに
  when needed,
  when it is needed
- 必要な数量
  quantity needed
- 必要でないもの
  what is not needed
- 必要でないときに
  when it is not needed
- 間違った数量で
  in the wrong quantity

We supply only the necessary parts in the necessary quantities.

私たちは、必要な部品だけを必要な数量で供給する。

supply　供給する

Operators go to their previous processes to take materials only when they are needed.

作業者は、必要なときにだけ、材料を取りに前工程へ行く。

previous process　前工程
material　材料

Part 3 平準化
Production leveling

1 平準化とは何か
What is Production leveling?

●生産平準化
production leveling

●生産を平準化する
level (out) production,
even out production

＊ level, level out, even out は、直訳では「平衡する」という意味を表します。「平らにする」「安定させる」という意味合いがあります。

Our factory needs to find a good way to level out our workload.

当社の工場は、仕事量を平準化するよい方法を見つける必要がある。

workload　仕事量

●平準化していない
not leveled

●バランスがとれていない
not balanced,
unbalanced

Our production is not leveled.

私たちの生産は平準化されていない。

Our production schedule is not balanced.

当社の生産スケジュールは平衡していない。

2 小ロット生産
Small lot production

- ロットサイズ
  lot size
- 生産ロットのサイズ
  production lot size
- ロットサイズを縮小する
  reduce a lot size
- ロットサイズを拡大する
  increase a lot size
- 10のロットサイズ
  a lot size of 10

Lot sizes can be smaller.

ロットサイズは、もっと小さくできる。

- ロットサイズを縮小する
  set the lot size smaller

1度につくる(あるいは加工する)(製品などの)数量のことをバッチ batch といいます。

- バッチ
  batch
- 1バッチあたりの数量
  batch quantity,
  quantity per batch,
  batch size

Let's make the batch size smaller.

バッチサイズを小さくしよう。

3 段取り替えをすばやく、頻繁に
Changing setups quickly and often

＊「段取り替え」については、第1章「段取り替え」(p. 48)も参照してください。

● 段取り替え
changing setups,
setup,
setup changing,
changeover

● 設備の段取り替え
equipment changeover

● 段取り替えの時間
setup time,
changeover time

● 段取り替えを頻繁に行う
change setups often

Our setup time was reduced to 15 minutes.

私たちの段取り替え時間は、15分に短縮された。

● 頻繁に
often,
frequently

● すばやく
quickly,
swiftly

Setups should be changed quickly.

段取りは、すばやく取り替えられるべきである。

●すばやい段取り替え

quick changeover,
rapid changeover

4 バラツキをゼロにする
Zero fluctuation

●バラツキ

fluctuation

＊fluctuation は「変動、不安定さ、異変」などを意味します。

●生産のバラツキ

fluctuation in production

●生産時間のバラツキ

fluctuation in production time

●発注のバラツキ

fluctuation in orders

●ばらつく、変動する

fluctuate

Our production schedule may fluctuate next week.

当社の生産スケジュールは、来週変動するかもしれない。

production schedule　生産計画

Their order quantity fluctuates widely from month to month.

彼らの発注数量は、月ごとに大きく変動する。

widely　大きく、広く
from month to month　月によって

Part 4 標準作業
Standardized Work

1 標準作業とは何か
What is standardized work?

標準作業には３つの要素として、タクトタイム（第１章 p. 39 参照）、作業順序、標準手持ちがあり、これらは標準作業票の中に織り込まれます。

＊標準作業には２通りの英語表現がありますが（standard work と、standardized〔標準化された〕を用いた standardized work）、今日では standardized work という表現を用いるのが一般的です。

- 標準
  standard
- 標準化
  standardization
- 標準化する
  standardize
- 標準化された
  standardized
- 私たちの仕事を標準化する
  standardize our work
- 標準を設定する
  set a standard

Most of our operation methods are standardized.

作業方法のほとんどは標準化されている。

2 作業順序 Work sequence

作業順序は、作業者がものをつくるために「作業を行う順序」です。作業順序は、製品ができていく工程の順序ではなく、作業者が作業をする順序(たとえば、加工する→組付けをする→磨くなど)を指します。

- 順序
  sequence
- 正しい順序
  right sequence
- 間違った順序
  wrong sequence
- 正しい順序を追う
  follow the right sequence
- 同じ順序を追う
  follow the same sequence

3 標準手持ち
Standard in-process stock

標準手持ちとは、作業に必要なため工程内に置いておく仕掛部品の必要最少数量のことです。

- 最少の
  minimum
- 最少の数量
  minimum number,
  minimum amount
- 在庫
  inventory,
  stock
- 仕掛品在庫
  work-in-process inventory,
  work-in-progress inventory
- 工程内
  in-process
- 仕掛品
  work-in-process（WIP）

4 標準作業票
Standard work sheet

標準作業票は、設備のレイアウトとともに、作業順序が図解された図表です。タクトタイム、標準手持ちなども記入されています。

- 票(表)
  sheet, chart, list
- 図、図解
  illustration, diagram
- 図解する
  illustrate
- 描く
  draw
- 図表
  chart, diagram, graph
- レイアウト、配置
  layout
- 記号
  mark, symbol, sign
- 品質チェック
  quality check
- 安全
  safety
- 注意
  notice, caution, warning
- 標準作業票を(図解して)描く
  illustrate (draw) a standard work sheet

●標準作業票の中に(図解して)描く

illustrate (draw) on a standard work sheet

●標準作業票を貼り出す

display a standard work sheet

標準作業票のイメージです。

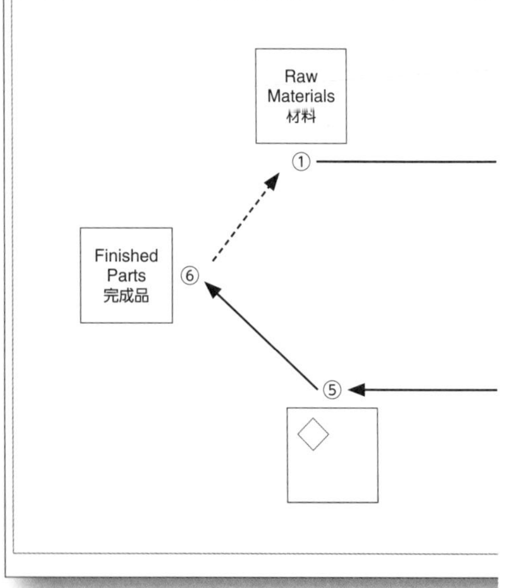

Quality Check 品質チェック	Safety 安全注意	Standard in-process stock 標準手持ち	 標準手持ち数	Takt time タクトタイム	Cycle time サイクルタイム	Division number 分解番号
◇	✚	●	5	45	45	2/5

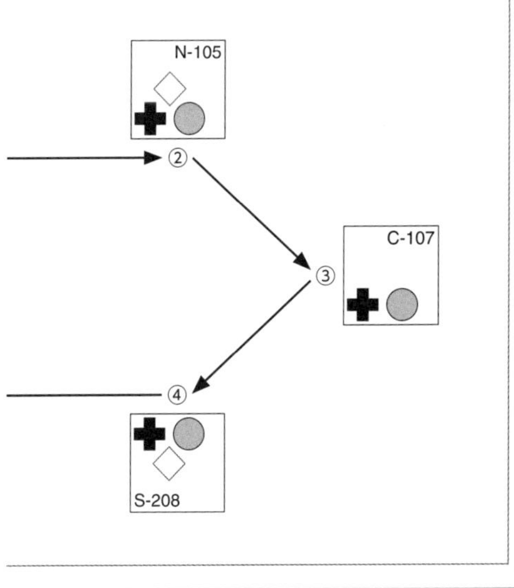

5 ムリ、ムラ、ムダ Unreasonableness, Inconsistency, Waste

●ムリ
unreasonableness,
overburden

●ムリな要求
unreasonable demand,
unreasonable request

●ムリなスケジュール
unreasonable schedule

Our operators are overburdened with so much work.

作業者はムリに仕事を負いすぎている。

●ムラ
inconsistency,
unevenness,
irregular

●ムラのある仕事
inconsistent work

●ムラのある仕事の質
inconsistent work quality,
uneven quality of work

The quality of their work is inconsistent.

彼らの仕事の質にはムラがある。

Part 5 ムダとり Elimination of waste

1 ムダとりとは何か What is elimination of waste?

- ムダ
  waste
- あらゆるムダ
  all kinds of waste
- ムダとり、ムダの排除
  elimination of waste
- ムダをとる、ムダを排除する
  eliminate waste

There are many ways to find waste.
ムダを見つける方法はたくさんある。

2 7つのムダ
Seven types of waste

ムダは、トヨタ生産方式において7つに分類されます。

つくり過ぎのムダ
waste of over-production
手待ちのムダ
waste of waiting (time on hand)
運搬のムダ
waste of transportation
加工のムダ
waste of processing
在庫のムダ
waste of inventory (stock on hand)
動作のムダ
waste of motion
不良をつくるムダ
waste of making defects

● つくり過ぎのムダ
waste of over-production

The worst of the seven types of waste is over-production.

7つのムダのうち最悪なのは、つくり過ぎである。

● 手待ちのムダ
waste of waiting (time on hand)

● 工程間での手待ち
waiting between processes

● 手待ちによる時間のムダ
waste of time in waiting

●運搬のムダ
waste of transportation

●不必要な運搬
unnecessary transportation

Transportation does not add any value to our products.

運搬は、製品にいかなる価値も付加しない。

value　価値

●加工のムダ
waste of processing

●不適切な加工
inappropriate processing

●非効率的な加工
inefficient processing

●在庫のムダ
waste of inventory（stock on hand）

●在庫削減
inventory reduction

●在庫削減のメリット
the merits of inventory reduction

●動作のムダ
waste of motion

●ムダな動き
wasteful motion（movement）

●ムダな動きを最小限にする
minimize wasteful motion（movement）

Searching for tools is a waste of motion.

工具を探すのは、動作のムダである。

● 不良をつくるムダ
waste of making defects

● 不良をつくることで発生するムダ
waste caused by making defects
cause　もたらす、引き起こす

● 製造不良
manufacturing defect

Making defective products can be very expensive for our plant.

不良品をつくることは、当社工場にとって、とても高い費用となり得る。

● 二次的なムダ
secondary waste

● 二次的なムダを発生させる
generate secondary waste
generate　発生させる、生み出す

● 不必要な仕事を生み出す
generate unnecessary work

● 不良をつくることから発生した二次的なムダ
a secondary waste caused from making defects

● 悪循環
vicious circle

3 可動率 Operational availability

可動率（べきどうりつ）とは、機械を動かしたいときに、実際に機械を動かせる比率のことです。故障などにより動かせないのは問題であり、可動率は100%を目指すものです。

- 可動率
  operational availability, operatable rate
- 可動率の平均
  average operational availability
- 可動率を高める
  improve operational availability

The operational availability of this machine has improved by 15 percent.

この機械の可動率は15%上がった。

4 過剰な人、設備、在庫
Excess manpower, equipment and inventory

●過剰な、余分の
excess,
extra

●余分な在庫
excess inventory,
extra inventory

Our factory doesn't want extra inventory.
当社工場は、余分な在庫はほしくない。

Part 6 かんばん方式 Kanban method

1 かんばん方式とは何か What is Kanban method?

● かんばん
Kanban,
Kanban card

● 紙のかんばん
card-based Kanban

＊かんばんには、sign、signboard、plate、notice などの呼び方がありますが、トヨタ生産方式では Kanban という用語がそのまま使われています。

2 かんばんの種類
Types of Kanban

● 引取りかんばん（運搬指示用のかんばん）
Withdrawal Kanban
（for transfer information）
である２種類のかんばん

工程間引取りかんばん
Intra-process withdrawal Kanban

外注部品引取りかんばん
Supplier Kanban（Parts ordering Kanban）

withdrawal　引取り
transfer information
運搬指示（情報）
intra-process　工程間
intra-process withdrawal
工程間引取り

＊intra-process は、「工程内」という意味で用いることもあります。

● 仕掛けかんばん（生産指示用のかんばん）
Production Kanban
（Production-ordering Kanban）
（for production instruction）
である２種類のかんばん

工程内かんばん（工程間の指示用）
In-process Kanban

信号かんばん（段取り替えに時間の掛かるロット生産工程への指示用）
Signal Kanban

production order,
production instruction　生産指示
in-process　工程内

＊「工程内」という意味で intra-process を用いることもありますが、ここでは便宜上区別して、使用しています。

● 電子かんばん
electronic Kanban, e-Kanban

● 臨時かんばん
Temporary Kanban

工程内のかんばんのイメージです。

工程内かんばん
In-process Kanban

工程名	Process
品番	Item number (Part number)
品名	Item (Part name)
背番号	Item back number
収容数	Box capacity (Container quantity)
容器	Box (Container type)
発行枚数	Issue number
後工程名	Subsequent process
置場	Storage

3 つくり過ぎを防ぐ
Prevent over-production

●防ぐ
prevent, avoid

Kanban prevents over-production.

かんばんは、つくり過ぎを防ぐ。

We use Kanban system to avoid over-production.

私たちは、つくり過ぎを防ぐためにかんばん方式を使っている。

Items can not be produced or transported without a Kanban card.

かんばんカードなしでは、ものは生産も運搬もされない。

Part 7 自働化 Autonomation

1 自働化とは何か What is Autonomation?

● 自働化
autonomation,
automation with a human element,
automation with human intelligence

＊autonomaiton は autonomous「自立的な、自主的な」と operation「作業」を合わせた造語です。

自動化された機械に人の知恵を組み込み、QCD(Quality 品質、Cost コスト、Delivery 納期)と S(Safety 安全)の改善に役立てます。

● 自動化された機械に人間の知恵の要素を加えること
addition of an element of human intelligence to automated machinery

addition　加えること
element　要素
human intelligence　人間の知恵
automated　自動化された
machinery　機械

2 にんべんの付いた自働化
Automation with a human element

人の知恵を持つ機械は、異常を察知したときには、機械を停止して、不良ができあがるのを防ぎます。

- 異常
  abnormality, trouble
- 異常な
  abnormal
- 異常な状態を見つける
  detect abnormal conditions
- 異常に対応する
  respond to abnormalities

This machine stops automatically in abnormal conditions.

この機械は、異常な状態においては自動的に止まる。

3 アンドン
Andon board

*アンドンは電子ボードで、デザインはさまざまです。

●アンドン
Andon board, electric light board

Andon boards show the current status of our production lines.

アンドンは、生産ラインの現在の状態を見せる。

A red light indicates a line has stopped.

赤ライトは、ラインが止まったことを示す。

indicate 表示する、示す

A green light indicates the machine is working properly.

緑ライトは、機械が正常に動いていることを示す。

properly 適切に、きちんと

Part 8 省人化、少人化
Manpower-saving and Flexible manpower line

1 省人化
Manpower-saving

省人化は、作業者数を減らしても同じ作業をできるようにして、人を減らす(省く)ことをいいます。作業方法に工夫が求められます。

● 工数
man-hour

Our team has reduced two operators by using the idea of manpower-saving.

私たちのチームは、省人化の考え方を用いて作業者を２人減らした。

reduce　減らす
operator　作業者

2 少人化
Flexible manpower line

少人化は、必ずしも作業者数を減らすだけでなく、異なる人数でも同じ作業を行えるようにすることです。同じものをつくるときに、5人でも4人でも3人でも行えるようにし、作業に定員を設定しない柔軟な方法です。

● 定員
fixed number of people

There is no fixed number of people.

定員は(設定してい)ない。

● 柔軟な
flexible

● 柔軟性
flexibility

We can form flexible groups.

私たちは、柔軟なグループを編成できる。

form　編成する、組む

3 多台持ち
Multi-machine handling

多台持ちは、1人の作業者が同じ種類の複数の機械を受け持つことです。

- 多くの
  multi-

- 複数の
  plural

One operator handles a few machines at once.

1人の作業者が、いくつかの機械を1度に操作する。

handle　扱う、操作する
a few　2、3の
at once　1度に、同時に

The operator is running more than one machine of the same type.

その作業者は、複数の(1台より多い)同じ種類の機械を稼働させている。

run　走らせる、稼働させる

4 多工程持ち
Multi-process handling

多工程持ちは、1人の作業者が複数の工程を担当し、異なる機械を扱います。

- 異なる種類の機械
  different types of machines

- 多数のプロセス
  multiple processes
  multiple　多様な、多数の

An operator is handling multiple processes sequentially.

作業者が順番に多くの工程を操作している。

handle　扱う、操作する
sequentially　順次的に

The operator takes care of different processes at the same time.

その作業者は、異なる工程を同時に担当する。

take care　世話をする、面倒を見る
at the same time　同時に

Part 9 品質保証 Quality assurance

1 品質は工程でつくり込む
Quality must be build into each process

「品質は工程でつくり込む」とは、完成したものを後で検査するのではなく、生産の各工程で検査を繰り返して、不良をなくしていく(品質を向上させていく)という意味を表します。

トヨタ生産方式では、後工程に引き渡すのは良品だけでなくてはならず、自らの工程ででき上がった不良は自ら発見し、後工程へ引き渡してはいけないことが強調されます。

● 組み込む、組み入れる
build in

We ensure quality in each process.

私たちは、それぞれの工程で品質を保証している。

ensure 保証する

Quality must be inspected at all stages of our production line.

品質は、生産ラインの全段階で検査されなくてはならない。

inspect 検査する

Operators should be carful not to send defects to their later processes.

作業者は、後工程に不良を送らないよう気をつけるべきである。

defect 不良、不良品
later process 後工程

2 異常に対応する
Reacting to abnormality

たとえば機械の調子がよくないことや、不良ができることは「異常」な状態です。そうした異常を発見して、改善を施すことは、日々の大切な活動となります。

●異常
abnormality

●異常な
abnormal, unusual

We want to make things visible so abnormality can easily be found.

異常が見つけやすいように、物事を目に見えるようにしておきたい。

visible　目に見える
so ...　…(so 以下)になるように
＊so that の省略形
easily　簡単に

Part 10 現地現物
Go and See the Site

1 現場を見に行く
Going to see the site

データに頼らず、現場を訪れ、起きていることを実際に見て理解することを現地現物といいます。トヨタ生産方式においては、常に「現地現物で業務に当たる」ことの重要性が強調されています。

●現場
site, worksite

●実際の生産現場
actual production site

We must understand what people are really doing at the real site.

人々が本当の現場で、実際に何をしているか理解せねばならない。

We shouldn't depend too much on knowledge or data.

知識やデータに頼りすぎるべきではない。

depend on ...　…に頼る
knowledge　知識

I need to go to the site and see what is happening.

現場へ行って、何が起きているかを見る必要がある。

happen　起こる、生じる

第4章

頻出する
重要キーワードや表現

本章では、第1章～3章に収まらなかった「生産現場でよく使う」キーワードや表現などを紹介します。
一度目を通しておき、必要になったときに、じっくり見直して役立てましょう。

Part 1 コンセプト・手法・考え方に関する用語

改善
Kaizen（Improvement）

- 改善活動
  Kaizen activity

- 改善プロジェクト
  Kaizen project

- 継続的改善
  continuous improvement

Kaizen activities make improvements on QCD.

改善活動は、QCD に改善を施す。

Q（Quality） 品質を向上させる
C（Cost） コストを下げる
D（Delivery） 納期を短縮する

Kaizen activities should be continuous.

改善活動は継続的であるべきだ。

continuous 継続的な

- 改善案
  Kaizen proposal

- 案、提案
  proposal, idea

- 改善計画を提案する
  propose a Kaizen plan

- 設備改善
  Equipment Kaizen

QC 活動
QC-activity, QC-project

QC（Quality Circle クオリティー・サークル、または Quality Control Circle クオリティー・コントロール・サークル）活動は、従業員が自主的に行う活動で、業務の現場にある問題を見つけ出し、期間を決めて改善に取り組む小グループ活動です。

● QC サークル
QC-circle

QC-circle members identify and analyze problems.

QC サークルのメンバーは、問題を見出して分析する。

identify　見出す、明らかにする
analyze　分析する

Kaizen activities are practiced by QC circles.

改善活動は、QC サークルにより実施される。

practice　実施する、行う

● 同じ職場の（人たちでつくる）小グループ
small group from the same worksite

● 関係のある職場の（人たちでつくる）小グループ
small group from the related worksites

● 改善のために問題を分析する
analyze problems for Kaizen

目で見る管理
Visual management, Visual control

There are many ways to visually manage our factory.

工場を目で見て管理する方法はたくさんある。

visually　視覚的に

We are visually managing our progress.

私たちは進捗を視覚的に管理している。

progress　進捗、進展

Visual management indicates what we need to do next.

目で見る管理は、次に何をする必要があるのかを示す。

indicate　表示する、示す

チームワーク
Teamwork

Teamwork is essential for our company's success.

チームワークは、当社の成功に不可欠である。

essential　必須の、欠くことのできない

Many things are done by teams in our factory.

当社工場では、多くのことがチームで行われている。

It's important to learn how to cooperate with other people.

他の人との協力の仕方を学ぶのは大切です。

cooperate with ...　…と協力する

オン・ザ・ジョブ・トレーニング
OJT（On-the-Job Training）

OJT（On-the-Job Training）は、実務にたずさわって業務を覚えていく訓練方法です。上司や先輩から作業の仕方などを教えてもらいますが、それを計画性を持って行うことが大切です。

We should have a formal process for OJT.

OJT のための、正式な手順を持つべきである。

process　手順、進め方

Our on-the-job training program is systematic.

当社の OJT プログラムは体系的である。

systematic　体系的な、組織的な

Our new employees know what they will learn in next six months.

当社の新入社員は、次の 6ヶ月間に何を学ぶか知っています。

employee　従業員

オフ・ザ・ジョブ・トレーニング
Off-JT (Off-the-Job Training)

Off-JT (Off-the-Job Training) は実務の現場から離れ、研修などで学ぶことをいいます。

Our company provides opportunities for off-the-job training to employees.

私たちの会社は、従業員に Off-JT の機会を与えている。

provide　供給する、与える
opportunity　機会
employee　従業員

We have various kinds of off-JT courses under the company's training programs.

会社のトレーニングプログラムのもとに、さまざまな Off-JT のコースがある。

various　さまざまな、いろいろな
under　…のもとに

顧客満足
Customer satisfaction

Our customers are satisfied with our service.

私たちの顧客はサービスに満足している。

satisfy　満足させる

● 満足度
degree of satisfaction, satisfaction rating

サプライ・チェーン・マネジメント
Supply Chain Management (SCM)

SCMによる管理のねらいのいくつかです。

- キャッシュフロー効率を改善する

  improve cash flow efficiency

  improve　改善する、改良する
  efficiency　効率

- 生産リードタイムを短縮する

  reduce production lead time

  reduce　減らす、削減する

- 余分な在庫を削減する

  reduce excess inventories

  excess　余分な、過剰な

ロボットの導入
Introducing robots

We use robots in dangerous environments.

私たちは危険な環境ではロボットを使っている。

dangerous　危険な
environment　環境

Our factory has a growing need for robots.

当社工場は、ロボットをさらに必要としている。

growing need　さらなる(増えている)需要

サード・パーティー・ロジスティックス Third Party Logistics (3PL)

物流に関する業務全般(調達、工場内・工場間物流、販売物流、輸出、在庫管理、返品、廃棄など)を、企業から受託するアウトソーシングサービスのことです。

●物流、物流管理
logistics

We outsource some of our logistics to a third party logistics firm.

私たちは、物流業務のいくらかを 3PL 会社にアウトソースしている。

outsource 外部委託する、外部調達する

Our 3PL firm provides all the logistic operations from material supplies to freight management.

当社の 3PL 会社は、材料の供給から貨物運送の管理まで、すべての物流業務を供給している。

provide 供給する
material 材料
supply 供給
freight 貨物運送

自動化、オートメーション Automation

●自動化する、オートメーション化する
automate

Our factory is entirely automated.

工場は、完全に自動化されている。

entirely　まったく、完全に

Our order processing system is fully automatic.

私たちの注文処理システムは、完全に自動化されている。

order processing　注文処理
fully　完全に、十分に
automatic　自動の、自動的な

省力化 Labor-saving

●省力化のための機械
labor-saving machinery

●省力化の(ための)技術
labor-saving technology

●省力化の設備に投資する
invest in labor-saving equipment

能率向上
Improving efficiency

- 改善する、向上させる
  improve
- 能率、効率
  efficiency

We have been trying to improve our production efficiency.

私たちは生産効率を上げようとしてきている。

production efficiency　生産効率

Our production system should be more efficient than our competitors.

当社の生産システムは、競合他社よりも効率よくあるべきだ。

efficient　能率的な、効率的な
competitor　競争相手、競合他社

微調整
Fine adjustment, Minor adjustment

- 僅かな微調整
  a bit of fine（minor）adjustment
- 微調整できる能力
  fine adjustment capability

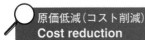

原価低減（コスト削減）
Cost reduction

●原価低減の戦略
cost reduction strategy

Our cost was reduced by eight percent.
私たちのコストは８パーセント削減された。
reduce　減らす、低減する、削減する

リコール
Recall

●国内中におよぶリコール
nationwide recall

●世界中におよぶリコール
worldwide recall

管理者・監督者
Manager, Supervisor

管理者を manager、監督者を supervisor と呼ぶのが一般的ですが、特に明確な定義などはなく、職場により独自の用い方がされています。以下の役職名も同様に、職場によって使い方に違いがあります。

- 製造部長
  production department manager,
  production manager
- 製造課長
  production section manager,
  production manager
- 中間管理職
  middle manager,
  intermediate supervisor
- 班長
  group leader
- 職長、工長
  foreman
- 工場長
  plant manager,
  factory manager,
  factory director

● 副工場長

**deputy plant manager,
deputy factory manager,
deputy factory director**

Managers must understand what is really happening by going to the real site.

管理者は、実際の現場へ行くことで、現実に起きていることを理解せねばならない。

happen 起こる、生じる

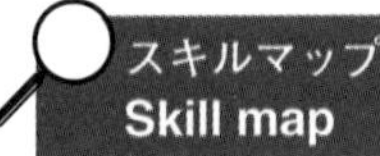

スキルマップ
Skill map

スキルマップは、作業者の氏名と担当できる技能を一覧表にしたものです。多能工が何人いるのか、誰がどの技能をこなせるかがわかります。

- 多能工化訓練計画表
  multi-skilled development planning sheet

Skill maps show who is able to do what.

スキルマップは、誰が何をできるかを示す。

Our skill maps should always be updated.

私たちのスキルマップは、いつも更新されているべきである。

update 更新する

生産
Production

● 生産する
produce

● 生産管理
production management

● 生産管理部
production control department

● 生産技術
production engineering

● 生産目標
production target

● 生産能力
production capacity

製造
Manufacturing

- 製造する
  manufacture
- 製造業
  manufacturing industry
- 製造業者、メーカー
  manufacturer, maker
- 製造番号
  manufacturer's serial number
- 製造年月日
  manufacturing date, date of manufacture

Our company is a manufacturer of electrical appliances.

当社は電気器具メーカーである。

工場
Factory, Plant, Mill, Shop

factory は工場全般を意味し、plant は通常大規模の工場を指します。mill は、多くの場合、原材料となるものの工場や、製紙や紡績の工場という意味で使われます。shop は、主に工業製品の製造か修理を行う工場を指します。

●製造工場
manufacturing plant

多様化
Diversification

●多様化する
diversify

●多様性
diversity, multiplicity

●多様さ
variety

●市場の多様化
market diversification

●製品の多様化
product diversification

生産性
Productivity

- 生産性のある
  productive
- 生産性を上げる
  increase productivity,
  enhance productivity

数量
Quantity

- 生産数量
  production quantity
- 最少生産数量
  minimum production quantity
- 最大生産数量
  maximum production quantity
- 当月の生産数量
  production quantity for the month

人数
Number of people

- 少ない人数
  small number of people
- より少ない人数
  smaller number of people
- 多い人数
  large number of people
- より多い人数
  larger number of people

Part 3 道具・工具 Tool

木づち
wood hammer, mallet

●金づち
hammer

●定規
ruler, rule

台車
dolly, trolley

●ドライバー
screwdriver

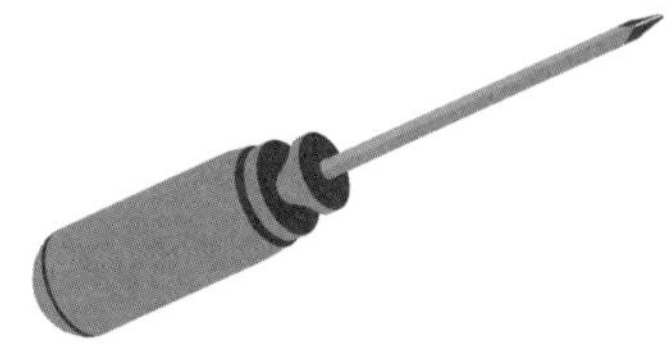

プラスドライバー
Phillips-head screwdriver, cross-slot screwdriver

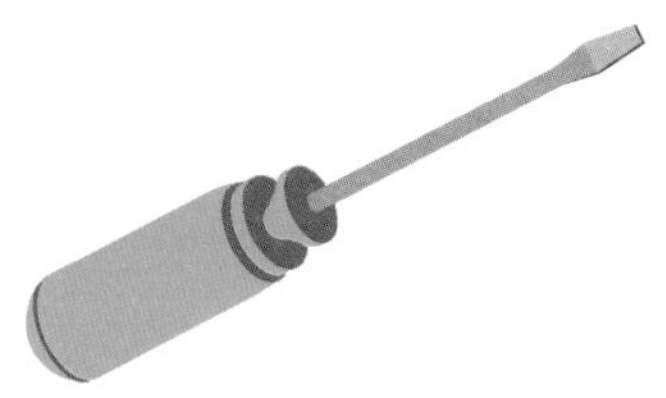

マイナスドライバー
flathead screwdriver, flat-blade screwdriver

●ニッパー
nippers

●ペンチ
pliers

●レンチ
wrench

●スパナ
spanner

●重り
weight

●計量器
meter, gauge

●はかり
scale, balance

のこぎり
saw

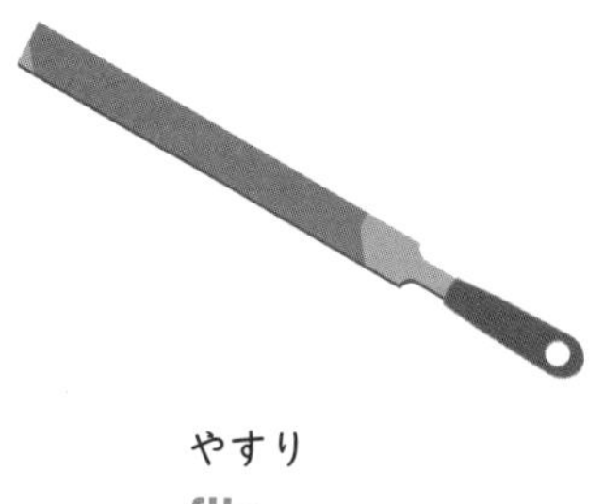

やすり

file

紙やすり

**sandpaper,
glass paper**

●消耗品

**expendables,
expendable items（supplies）,
consumables,
consumable goods**

ウエス

waste,
waste cloth,
shop cloth,
textile waste

＊工場で使う「ぼろ切れ・布切れ」(waste)の和製発音「ウエス」が日本の工場では定着しています。

バリ

burr

- ズレ（ずれ）
  gap, difference

- たわみ
  flexure

- たわむ
  bend

- チョコ停
  moment stop,
  short stop

- 目詰まり
  clogging

- 緩み
  loosening, slackening

- ゆがみ
  twist, distortion

- ぶれ
  blur, blurring

- 傾き
  inclination, slope

Part 5 距離 Distance

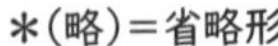
＊(略)＝省略形

- **millimeter(s)** (略) mm, mm.
  ミリメーター
- **centimeter(s)** (略) cm, cm.
  センチメートル
- **meter(s)** (略) m
  メートル
- **kilometer(s)** (略) km, km.
  キロメートル
- **inch(es)** (略) in.
  インチ　＊1 inch = 2.54cm
- **foot** (複数形 feet) (略) ft.
  フット(フィート)
  ＊1 foot = 12inches = 30.48cm
- **yard(s)** (略) yd, yd.
  ヤード　＊1 yard = 91.44m = 3feet
- **mile(s)** (略) mi.
  マイル　＊1 mile = 1609m

メジャー(巻尺)
measure

Part 6 重さ Weight

＊(略)＝省略形

- **milligram(s)** (略) **mg**
  ミリグラム
- **gram(s)** (略) **g**
  グラム
- **kilogram(s)** (略) **kg, kg.**
  キログラム
- **ounce(s)** (略) **oz, oz.**
  オンス　＊1 ounce = 約28g
- **pound(s)** (略) **lb, lb.**
  ポンド　＊1 pound = 約454g = 16ounces
- **ton(s)** (略) **t, t.**
  トン
- 〔メートル法のトン(仏トン)〕
  tonne, metric ton (略) **m.t.** など
  ＊1 tonne = 1000kg
- 〔米トン〕 **ton, short ton, net ton**
  (略) **s.t., S/T** など
  ＊1 ton = 2000pounds = 約 907kg
- 〔英トン〕 **ton, long ton, gross ton**
  (略) **l.t., L/T** など

  ＊1 ton = 2240pounds = 約 1016kg

はかり
scale, balance

Part 7 その他の用語

● 寸法
measure, size, dimension

● 長さ
length

● 高さ
height, level

● 深さ
depth

● 自動停止装置
automatic stopping device

● 定位置停止方式
fixed position stopping system

● 余力
extra capacity,
reserved capacity

● 点検
check, inspection

● 点検する
check, inspect

●指示書
order form

●伝票
slip

●見積り
estimation, estimate

●見積書
written estimate,
estimation sheet

第5章

生産現場の英会話——よく使う動詞で学ぶ英語表現

本章では、12の「使えると便利な動詞」を紹介し、それぞれを使って、どんな会話が成り立つのか例を見ていきます。
動詞を学ぶことで、表現できることの幅が広がっていきますが、やみくもにたくさん覚えようとするよりも、よく使う動詞を確実に使いこなせるようにするのが、お勧めの学習方法です。
本章を参考に、会話のフレーズもマスターしていきましょう。本章では、Kei と Mai が生産現場で会話を繰り広げます。

キャラクター紹介

2人の登場人物 **Kei** と **Mai** が会話をします。

Kei ケイ
工場で働く
先輩社員です

Mai マイ
工場で働く
後輩社員です

1 Build 建てる、つくる、組立てる

新しい工場を建てる

建物を建てたり、機械を組立てるときに使う表現です。どんな使い方をするのか、２人の会話を見てみましょう。

Kei:

We built a new factory in India last year.

昨年、インドに新しい工場を建てました。

Mai:

What does it produce?

何を生産していますか。

Kei:

They produce order-made machines.
They are doing BTO.

受注生産の機械をつくっています。BTO をしているのです。

Mai:

Oh, you mean their machines are built to order.

ああ、機械が受注生産されているのですね。

Build to Order (BTO) 受注生産

建物を建てるときには construct という言葉を使ったり、機械の組立てには、made や produce という言葉を使うこともあります。どれを使っても間違いでない場合が多いのですが、慣れとともに、その都度どの言葉を使うのが適切なのか、感覚的に捉えられるようになってくるものです。

エキストラ・センテンス

他にも build を使った例文を見てみましょう。

Our operators built approximately ten machines in this facility.

作業者は、この施設でおおよそ 10 台の機械をつくりました。

Our suppliers tend to build their factories around our factory.

サプライヤーは、当社工場の周りに、彼らの工場を建てる傾向があります。

Our team has been working on building this bridge.

私たちのチームは、この橋をつくるために働いています。

This facility was built during the war period.

この施設は、戦時中に建てられました。

approximately　ほぼ、おおよそ
facility　施設
bridge　橋
during　…の間に

2 Change 変える
レイアウトを変更する

生産現場のレイアウトを変えることに関連した会話です。

Mai:

Did you change the layout of this production site?

この生産現場のレイアウトを変更しましたか。

Kei:

Yes. Now it's easier to change machine setups.

はい。今では、機械の段取り替えがよりラクになりました。

Mai:

So changeovers are quicker now.

そうすると今は、段取り替えがより速くなったのですね。

Kei:

Sure. But we may need a minor change soon again.

そうです。でも、またすぐに細かな変更は必要になるでしょう。

machine setup　機械の段取り
changeover　段取り替え
minor　わずかな、小さな

現場では、さまざまな改善が行われ、会話で取り上げているレイアウトはもちろん、作業の仕方などにも変更が加えられます。機械のセットアップは日常的に変えるものですし、「変更する」「変更される」ものはたいへん多くあります。そのため change は、現場で使用する頻度の多い言葉です。

エキストラ・センテンス

The layout is now being changed.

レイアウトは、今変えられています。

Layouts must be able to be changed.

レイアウトは変更でき(るもので)なくてはなりません。

We change setups about four times each day.

毎日 4 回ほど、段取り替えをします。

We revise the work standard when an assembly method is changed.

組立て方法が変わったら、その作業標準(標準的な作業の仕方)を変更します。

Our production plan changes depending on customer demand.

生産計画は、顧客の需要により変わります。

revise　改訂する、変える
assembly　組立て
method　方法、方式
depend on ...　…次第である、…により異なる
demand　需要

3 Check
検査する
一部だけ検査する

check という言葉を用いて、検査の仕方に関する会話がなされます。

Mai:

We have 100 pieces. Do we check all of them?

100 個あります。すべて検査しますか。

Kei:

In this section, only two percent of them are checked.

このセクションでは、2%だけが検査されます。

Mai:

It's too much work to check all of them.

すべて検査するのは、たいへんすぎますね。

Kei:

Well, for some products we do check every piece.

ええ、いくらかの製品は、全数を検査しています。

piece　1個

すべて1つずつ検査することを「全数検査」(100% inspection)といいます。一部を抜き取って検査するのは「抜取検査」(Sampling inspection)です。Keiの説明では、2人の担当するセクションでは、「抜取検査」と「全数検査」の両方が実施されているようです。

エキストラ・センテンス

以下のセンテンスも参考にしてください。

Check it carefully.

注意深く検査しなさい。

How much time do we need if we have to check all of them?

すべてを検査するなら、どれだけ時間が必要ですか。

＊直訳では、「すべてを検査しなくてはいけないなら」となります。

Just checking two percent of products requires less effort than checking all of them.

2%の製品だけの検査は、全数検査より少ない労力で済みます。

Checking procedures are written on the sheet.

検査の手順が用紙に書かれています。

You should pay attention and keep checking.

注意を払って検査し続けるべきです。

require　必要とする
effort　努力、労力
procedure　手順、方法

4 Display 掲示する 現場に掲示する

何をどこに掲示する話なのでしょうか。Kei と Mai の会話を見てみましょう。

Kei:

Your work standard must be displayed at your worksite.

作業の標準は、現場に掲示されなくてはなりません。

Mai:

Why do I need to display it?

なぜ掲示する必要がありますか。

Kei:

Otherwise, your people won't see it.

そうしないと、従業員がそれを見ないからです。

Mai:

I see. I think our skill maps must be displayed too.

なるほど。スキルマップも貼り出さないといけませんね。

worksite　職場、現場

作業の仕方を標準として定めたら、それを描き出して、その作業を行う現場に張り出さなくてはなりません。すべての作業者が、その標準にしたがう必要があるからです。掲示されていなければ、作業者がそれを見ないで作業してしまうでしょう。Kei はまさに、そのことについて話しています。

スキルマップとは、「誰がどの作業をどのくらい」こなすことができるか(あるいは教えられるか)を一覧にした表のことです。(「スキルマップ」p. 184 参照)

エキストラ・センテンス

以下のセンテンスも参考にしましょう。

Please display it so everyone can see.

皆が見えるように、それを貼り出してください。

Any standard sheet will be useless if we don't show it on the wall.

壁に貼らなければ、どんな標準票もムダになります。

I like that you display and update it periodically.

掲示して、定期的に改訂しているのは、よいと思います。

By seeing these skill maps displayed, people recognize what you are working on.

掲示されたスキルマップを見て、皆は君が何に取り組んでいるのか気付いてくれます。

I posted a notice. Did you have a chance to see it?

掲示を貼りました。見る機会はありましたか。

useless 役に立たない、ムダな
update 更新する、最新のものにする
periodically 定期的に、周期的に
recognize 気付く、認知する
post 掲示する、(壁などに)貼る

5 Divide
分ける、分割する
作業者をグループに分ける

「グループに分ける」という表現で divide を用いている例です。2人の会話を見てみましょう。

Mai:

I am dividing our operators into two groups today.

今日は、作業者を2つのグループに分けます。

Kei:

Do you just divide ten operators by two?

10人の作業者を2つに分けるだけですか。

Mai:

Yes, because we have orders of 50 pieces each for two different specifications.

はい、2つの異なる仕様に、50個ずつの注文がありますから。

Kei:

We can also work out our operating time when we know the ordered quantities and number of operators.

注文数量と作業者数がわかれば、作業時間を計算することもできます。

piece　1個
also　…もまた
work out　計算する
quantity　量、数量

作業現場では、「グループに分ける」という意味でも、「人数を割る(計算する)」という意味でも、divide はよく使う表現です。

エキストラ・センテンス

divide を使ったセンテンスをもう少し見てみましょう。

You need to divide your time between operations and writing reports.

作業とレポートを書くことに、時間を分ける必要があります。

We divide profits among our members.

メンバーで利益を分けます。

You can't simply divide by the number of people because some of them are new.

何人かは新人ですから、単純に人数で割ることはできません。

profit　利益
among　…の間で

6 Document
文書にする、記録する
作業方法を文書にする

書き出して記録するという表現です。これは、現場には付き物の作業と考えてよいでしょう。

Kei:

When you decide your operation method, you have to document it.

作業方法を決めたら、文書にしなくてはなりません。

Mai:

Do we draw the method on a sheet of paper?

紙に方法を描くのですか。

Kei:

Sure. And when you make any improvements to operations...

そうです。そして、作業に改善を施したときには…

Mai:

I suppose we must re-document it.

再度描くのですね。

decide　決める、決定する
method　方法、方式
draw　描く
improvement　改善
re-document が「再度描く」という意味を表しています

文章にする場合、図表にする場合、それらを組み合わせる場合もありますが、現場では作業の標準を決めたら、必ずそれをいずれかの形に書き出します。

標準を書き出す場合に使う表現として draw、write down、illustrate といった表現も使いますが、「文書(図表も含む)にして記録する」という表現では、document という言葉を覚えておきましょう。

document は、「文章にする」という意味合いが強いように思えるかもしれませんが、図解するという意味も含んで使っても差し支えありません。

エキストラ・センテンス

関連した表現を見てみましょう。

It's not clearly documented.

明確に書き出されていません。

It takes time to learn how to document manufacturing processes and operations.

製造工程と作業の描き方を学ぶには、時間が掛かります。

Group leaders should document our standard methods of operation.

班長は、作業の標準的方法を文書にすべきです。

Making a business document is a very important skill for everyone.

ビジネス文書の作成は、誰にとっても大事なスキルです。

clearly 明瞭に、明確に

7 Find 見つける
原因を見つける

　普段から日常的に使う言葉ですが、現場でも頻繁に使います。その一例を見てみましょう。

Kei:
Did you find any problems?
何か問題が見つかりましたか。

Mai:
I found some oil leaking from this press machine.
このプレス機から、油が漏れていました。

Kei:
We need to find the root cause of this.
その真因(元の原因)を見つける必要があります。

Mai:
Yes, it's interesting finding the real cause of the trouble.
はい、トラブルの本当の原因を見つけるのは、興味深いことです。

leak 漏れる
root cause 元の原因
real cause 本当の原因

現場では、問題を見つけたら、その問題がなぜ生じたのかを探っていきます。会話のように、機械から油が漏れていて、その原因はボルトの緩みだったとします。ここでボルトを締めておわりにせず、なぜボルトが緩んだのか追及するのです。

ボルトが緩んだのは機械に振動が起きていたから→なぜ振動が起きたのか→機械の後部から埃が入り込んでいた→なぜ埃が入り込むのか→隣室の作業で埃が立つ時間帯があった→間仕切り用のビニール製カーテンを取り付ける。

これを「5 つのなぜ」(Five whys)、あるいは「なぜと 5 回聞く」(Asking why five times)と呼ぶこともあります。5 回は目安ですが、そのくらい「なぜ」を繰り返して真因を探り出し、それに対策を講じるという考え方です。(「真因を問う」 p. 129 参照)

エキストラ・センテンス

We need to find a way to solve problems.

問題を解決する方法を見出す必要があります。

Let me know when you find out what's causing it.

原因(何がそれを引き起こしているか)がわかったら教えてください。

I found an unusual cause.

通常はあまりない原因を見つけました。

Our Kaizen activity finds the problem causing the production delay.

改善活動が、生産の遅れを生じさせている問題を見出した。

We can easily find problems when we work as a team.

チームで取り掛かると、問題はラクに見つかります。

solve　解決する
cause　引き起こす
unusual　普通でない
cause　原因、理由
delay　遅れ、遅延
easily　簡単に

8 Hide 隠す ミスは隠さない

「隠す」ということは、あってほしくありません。Kei と Mai は、それをできるだけ未然に防ぎたいという会話をします。

Kei:

Did he purposely try to hide the mistake?

彼は、意図的にミスを隠そうとしましたか。

Mai:

I don't think so. He really didn't notice.

そうではないと思います。本当に気付いていませんでした。

Kei:

Operators sometimes try to hide mistakes rather than report them.

作業者は時々、ミスを報告するよりも、隠そうとします。

Mai:

Employees should not hide any mistakes or problems.

従業員は、どんなミスも問題も隠すべきではありません。

purposely 故意に、意図的に
employee 従業員
rather than ... が「…よりむしろ」という意味を表しています

ミスをして叱られるのが怖かったり、ミスを直すのが面倒だったり、そうした理由から従業員が間違いを報告せずに隠してしまうことは、まったくないわけではありません。

管理者としても従業員を疑ったりしたくはありませんが、ミスをしたら必ず報告をするよう、その大切さは周知させておきたいものです。

エキストラ・センテンス

関連したセンテンスを見てみましょう。

Please just tell me when you make a mistake.

ミスをしたときは、ちゃんと伝えてください。

Japanese operators often hide small injuries.

日本人の作業者は、よく小さな怪我を隠します。

Nobody wants problems to be hidden.

誰も問題を隠してほしくはありません。

Please don't hesitate to report any mistakes.

どんなミスも報告するのを躊躇(ちゅうちょ)しないでください。

injury　負傷、怪我
hesitate　ためらう、躊躇する

9 Indicate
示す、表す
生産計画が示すもの

私たちが工場で目にする多くのもの――(たとえば)計画表は、何らかの重要な意味を表し、伝えています。

Mai:
What does the production plan indicate?
この生産計画は何を示していますか。

Kei:
It indicates many things.
たくさんのことですよ。

Mai:
The number of finished goods to be produced each day, and...
日々生産する完成品の数、そして…

Kei:
It also indicates the number of people needed for daily operation, and so on.
日々の作業に必要な作業者数などもです。

production plan　生産計画
finished goods　完成品
also　…もまた

類似する表現として、show、tell、say などがありますが、indicate という言葉を的確に使いこなせるようになるとよいでしょう。

Kei と Mai の会話は、現場で日常的に交わされる類のものです。以下に紹介する２つの短いセンテンスのような使い方もしますから、目を通しておきましょう。

エキストラ・センテンス

Please indicate on the specified sheet.

その特定の用紙に示してください。

Your box is indicated as number B2.

君の箱は、B2 番と表示されています。

This plan indicates the items, quantities and schedules for assembly.

この計画は、組立ての品目、数量、スケジュールを示しています。

specified は「指定された」という意味を表しています
quantity　量、数量
assembly　組立て

10 Organize 編成する、組織する
よいチームを編成する

チームをつくるときに交わされる会話です。Kei と Mai は、どんなことを話すのでしょうか。

Kei:

It's not always easy to organize a good team.

よいチームを編成するのは、いつも容易なわけではありません。

Mai:

Why is that?

なぜでしょうか。

Kei:

Sometimes we are missing a skilled operator, for example.

たとえば、熟練した作業者がいないときがあります。

Mai:

Oh, so it's difficult to organize an efficient operation team.

ああ、それで効率的な作業チームの編成が難しいのですね。

miss　（いないのを）惜しむ、（いないので）困る
skilled　熟練した
efficient　効果的な、効率的な

チームを編成するときは、人数の調整だけを行えばよいわけではありませんから、Kei と Mai のような話し合いが必要なときがあります。また、長期的に見ると、日々の作業を通じて熟練工を育てることも必要であったり、多能工化（複数の作業をできるようになること p. 46 参照）というテーマもありますから、「よいチームの編成」とは何かについて、考慮すべきことは数多くあります。

エキストラ・センテンス

さらにセンテンスを見てみましょう。

We are organizing a new team with some multi-skilled operators.

多能工と新しいチームを編成しています。

A small group was organized of new workers and one experienced operator.

新しい作業者たちと熟練工１人で、小さなグループが編成されました。

A committee was organized for our Kaizen activities.

改善活動の委員会がつくられました。

People must be organized properly for production.

生産のために、人材が適切に組織されなくてはならない。

multi-skilled operator　多能工
experienced　経験のある
committee　委員会
properly　適切に、きちんと

11 Receive 受け取る 注文品を受け取る

生産現場で実に頻繁に使う言葉です。Kei と Mai はどんな会話をしているのか見てみましょう。

Mai:

When will we receive the part we ordered?

私たちが注文した部品は、いつ受け取れますか。

Kei:

It takes three days to receive an order.

注文を受け取るには、３日掛かります。

Mai:

Why does it take so long?

なぜそんなに長く掛かるのですか。

Kei:

They start production only after an order is received.

彼らは､注文を受けてからしか､生産をはじめないのです。

生産現場では、何かを受け取ってから作業をすることが多いものです。サプライヤーから資材を受け取ったら数量を数える、前工程から部品を受け取って組み付けをするといった具合に、自分の仕事のために頻繁に何かを受け取るものです。以下の例文など、receive を使った他の多くの表現にも目を通してみましょう。

エキストラ・センテンス

Did you receive the set of screwdrivers I sent you?

私が送ったスクリュードライバーのセットを受け取りましたか。

I received a complaint from one of our customers.

顧客の1社から、苦情を受けました。

Our production control department received the information at six a.m.

弊社の生産管理部は、午前6時に、その情報を受け取りました。

ジャスト・イン・タイムに受け取るという例文です。

I receive work-in-process parts from my previous process just-in-time.

前工程から、仕掛部品をジャスト・イン・タイムに受け取ります。

I should receive the package not too early and not too late.

小包を早すぎず、遅すぎず、受け取りたい(受け取るべき)です。

complaint　苦情、クレーム
production control department
生産管理部
previous process　前工程

12 Respond
応える、応じる
問題に対応する

問題や要望などには応じていかなくてはなりません。どんな表現で話すのか、一例を見てみましょう。

Kei:

We can't just have temporary solutions to problems.

問題に対して、一時的な解決策だけではいけません。

Mai:

I know, and we must respond to all of them.

そうですね、それに、すべての問題に対応しなくては。

Kei:

We shouldn't ignore market demands either.

市場の需要も無視すべきではありません。

Mai:

To respond to market demands, we must produce a number of different specifications.

市場の需要に応じるために、いくつもの異なる仕様を生産しなくてはなりません。

temporary　一時的な、間に合わせの
solution　解決、解決策
ignore　無視する
demand　需要
either は(否定文の後に用いて)「～もまた…ない」という意味を表します
specification　仕様

管理者になれば、問題にも市場の要求にも応じることが大切な旨を部下に周知することも必要になるでしょう。Kei と Mai が話しているようなことを周囲に話す機会もあるはずです。

エキストラ・センテンス

Please respond.

対応してください(返事をしてください)。

Please respond to my inquiry.

私の問い合わせに答えてください。

「改善して対応します」と話す例です。

I responded to the problem by using Kaizen.

改善をすることにより、問題に対応しました。

We must respond to the quality problem by improving our quality checking.

品質検査を改善することで、品質問題に対応しなくてはなりません。

inquiry　問い合わせ、質問
improve　改善する

さらに学習したい方々へ

本書の各章をさらに詳しく学びたい方へ、著者・松崎久純の以下の書籍等をお勧めします。それぞれ各章の内容で、1冊の本(またはDVD)になっています。

第1章　ものづくりの流れに沿った英語表現

『増補改訂版〈CD付〉ものづくりの英語表現』

[CD付](2015) 三修社

ものづくりの流れに沿って開発→設計→生産技術→生産管理→現場管理→作業→品質管理→物流を日本語で説明し、それらの業務を英語で言い表す際に使用するフレーズ、単語などを解説しています。

『ものづくり現場の英会話ハンドブック』

[CD付](2012) 研究社

ものづくり全体を9章に分けて、51のテーマで英会話表現を紹介しています。CDは、ゆっくりとしたナレーションで聞きやすくなっています。設計、生産技術から、倉庫管理まで幅広くカバーしています。CDのナレーターは1人だけですが、複数の登場人物による連続した会話で、順に話が進む構成になっています。

第2章　5Sで使う英語表現

『CD付　ものづくりの英会話　5Sと作業現場』

(2014) 三修社

5S(整理・整頓・清掃・清潔・しつけ)を英語で、どのように説明し活動を定着させるか——本書では、海外の生産現場で働く人たちが「そのまま使える」5Sと作業現場の英会話フレーズを紹介しています。5Sそのものについても同時に学べます。

第3章　トヨタ生産方式で使う英語表現

『〔改訂新版〕英語で学ぶトヨタ生産方式
エッセンスとフレーズのすべて』(2017) 研究社

「トヨタ生産方式」を日本語で分かりやすく解説し、そこで使われる英単語、フレーズ、関連する英語表現を紹介しています。

『音読でマスターするトヨタ生産方式(普及版)
英語で話す TPS のエッセンス』[CD 付]
(2012) 研究社

トヨタ生産方式のエッセンスを 50 のテーマに分類し、それぞれ6つの例文に凝縮しました。『英語で学ぶトヨタ生産方式——エッセンスとフレーズのすべて』の姉妹版です。

DVD『英会話でトヨタ生産方式』第 1〜4 巻
(原作・解説・監修)(2009) 日刊工業新聞社

トヨタ生産方式を 48 テーマに分け、それぞれのテーマについてヒデオ、リンダ、ポールの３人が会話をします。会話は、「普通のスピード」と「ゆっくりとしたスピード」の２種類が収録されています。

第4章　頻出する重要キーワードや表現
および
第5章　生産現場の英会話——よく使う動詞で学ぶ英語表現

『イラストで覚える 生産現場の英語　現地スタッフに伝えたいノウハウとルール』[MP3 音源付]
(2016) ジャパンタイムズ

海外の生産現場で使う英語表現を総合的に紹介しています。基本語から専門用語まで、作業の様子、工場のシーン別会話、生産方式などを網羅しています。現地スタッフとの会話を約 90 点のイラストと MP3 音源を用いてマスターできます。

この他、**英語学習法**については、次の書籍があります。

『英語で仕事をしたい人の必修 14 講』(2021) 慶應義塾大学出版会

入門者から中級者に向けて、実用的な英語の習得方法を解説しています。大学のクラスで 1 学期間の履修をするのと同じ 14 コマの講義スタイルで学べます。

[著者紹介]

松崎久純
(Hisazumi MATSUZAKI)

1967年生まれ。企業の海外赴任者などを対象にグローバル人材育成を行う専門家。メーカー勤務等を経て、現在、サイドマン経営・代表。南カリフォルニア大学東アジア地域研究学部卒業。名古屋大学大学院経済学研究科修了。著書に『ものづくりの英語表現』『ものづくりの英会話　5Sと作業現場』(いずれも三修社)、『英語で学ぶトヨタ生産方式　エッセンスとフレーズのすべて』『ものづくり現場の英会話ハンドブック』(いずれも研究社)、『イラストで覚える 生産現場の英語　現地スタッフに伝えたいノウハウとルール』(ジャパンタイムズ)など多数。

索引

数字・アルファベット

あ 行

か 行

さ行

た 行

な　行

は　行

ま 行

や 行

ら・わ 行

海外人材と働くための
生産現場の英語エッセンシャル

2021年9月30日　初版発行

著　者　松崎　久純

発行者　吉田　尚志

発行所　株式会社　研究社
〒102-8152
千代田区富士見2-11-3
［営業］03(3288)7777(代)
［編集］03(3288)7711(代)
https://www.kenkyusha.co.jp

振　替　00150-9-26710

印刷所　研究社印刷株式会社

装丁・本文組版　株式会社明昌堂

KENKYUSHA
〈検印省略〉

Printed in Japan
ISBN 978-4-327-44119-7 C2082